Björn Wiels

# Der Umgang mit dem geistigen Eigentum des Unternehmers

## Unter besonderer Berücksichtigung des Aspektes der Produktpiraterie

Björn Wiels

# DER UMGANG MIT DEM GEISTIGEN EIGENTUM DES UNTERNEHMERS

## Unter besonderer Berücksichtigung des Aspektes der Produktpiraterie

*ibidem*-Verlag
Stuttgart

**Bibliografische Information der Deutschen Nationalbibliothek**
Die Deutsche Nationalbibliothek verzeichnet diese Publikation in der Deutschen Nationalbibliografie; detaillierte bibliografische Daten sind im Internet über http://dnb.d-nb.de abrufbar.

**Bibliographic information published by the Deutsche Nationalbibliothek**
Die Deutsche Nationalbibliothek lists this publication in the Deutsche Nationalbibliografie; detailed bibliographic data are available in the Internet at http://dnb.d-nb.de.



∞

Gedruckt auf alterungsbeständigem, säurefreien Papier
Printed on acid-free paper

ISBN-10: 3-89821-975-5

ISBN-13: 978-3-89821-975-4



Printed in Germany

# Inhaltsverzeichnis

"Am Anfang der Kunstentwicklung im Mittelalter bezog sich 'Stil' auf die schlichte Anweisung, aus der Fülle der vergangenen Kunstproduktion – und Fülle heißt auf lateinisch 'copia' – das Richtige herauszusuchen und zu 'kopieren'. Auf diese Weise entstand die erste gesamteuropäische Kunstsprache, die romanische Kunst." [1]

1 Schwanitz, Bildung, S. 356f.

## Abkürzungsverzeichnis

| Abkürzung | Begriff |
|---|---|
| Art. | Artikel |
| BWL | Betriebswirtschaftslehre |
| CeBit | Centrum der Büro- und Informationstechnik |
| EPÜ | Europäisches Patentübereinkommen |
| EU | Europäische Union |
| F & E | Forschung und Entwicklung |
| GMVO | Gemeinschaftsmarkenverordnung |
| IAA | Internationale Automobil Ausstellung Frankfurt am Main bzw. Hannover |
| ICC | International Chamber of Commerce |
| IP | Intellectual Property (geistiges Eigentum) |
| MarkenG | Markengesetz |
| o. A. | ohne Autor |
| PatG | Patentgesetz |
| RdNr. | Randnummer |
| SWOT | Strenghts, Weaknesses, Opportunities, Threads (Stärken, Schwächen, Möglichkeiten, Gefahren) |
| TRIPS | Handelsbezogene Aspekte der Rechte am geistigen Eigentum (engl. Trade-Related Aspects of Intellectual Property Rights) |
| UNO | United Nations Organisation (Vereinte Nationen) |
| UrhG | Urheberrechtsgesetz |

| | |
|---|---|
| VWL | Volkswirtschaftslehre |
| WIPO | Weltorganisation für geistiges Eigentum (engl. World Intellectual Property Organization) |
| WTO | Welthandelsorganisation (engl. World Trade Organisation) |

# 1. Einleitung

Die Idee, mit dieser Studie das Thema Produktpiraterie näher zu beleuchten, ist durch einen Vorfall entstanden, der sich während meines Auslandsjahres in Kairo ereignete. Man begegnete dort vielerorts dem, was man umgangssprachlich als Produktpiraterie bezeichnen würde. So stieß ich nicht nur auf allerlei nachgemachte Artikel bekannter Luxusmarken wie z.B. Louis Vuitton. Einmal begleitete ich einen Freund, der eine Audio-CD erwerben wollte, und erlebte, wie ihm der Händler anbot, eine Kopie der Original-CD anzufertigen. Es ergab sich eine zwiespältige Situation. Einerseits war der Geschäftssinn des Händlers bewundernswert – zuvor hielt ich die oft beschworene Win-win-Situation für eine Mär der Welt der Betriebswirtschaftslehre – andererseits lag ein klarer Fall von Produktpiraterie vor.

Nach einer Recherche erkannte ich jedoch bald, wie sehr sich die Produktpiraterie auffächert. Dabei verstrickte ich mich zunächst in juristischen Haarspaltereien, die sich von meinem Grundgedanken, etwas Praktisches und Anwendbares zu schreiben, immer mehr entfernten. Die Rückbesinnung auf den Adressaten ermöglichte es mir, eine (etwas) klarere Sicht auf die Dinge zu gewinnen. Der Adressat ist der Unternehmer. Er soll aus dieser Studie Nutzen ziehen können. Unternehmer sind weder Juristen noch Kriminologen[2], obwohl diese Bereiche bei Produktpiraterie angesprochen sind und in der Literatur besonders der juristische Teil Vorrang zu haben scheint. Durch den Fokus auf den Unternehmer wird der ökonomische Blick auf dieses Thema gewahrt. Es erschien mir bei weiterer Beschäftigung mit Produktpiraterie sinnvoll, einen Schritt zurück zu gehen, um ein besseres Verständnis der Thematik zu erhalten. Daher beginnt die Arbeit in Punkt 2 mit dem, was aus meiner Sicht die Kernproblematik der Produktpiraterie ist, dem Wissen und dem Umgang damit. Durch dieses Vorgehen

---

2 Und höchstens in ihrer Freizeit Philosophen.

wird die Entstehung des heute gebräuchlichen Begriffs des geistigen Eigentums nachvollziehbarer. Gleichzeitig soll so aufgezeigt werden, dass Wissen auch anders als durch das sehr bekannte und oft im Zusammenhang mit Produktpiraterie gebräuchliche geistige Eigentum verwaltet werden kann. Hierzu dient z.B. auch eine unter Abschnitt 3.1. vorzufindende SWOT-Analyse des geistigen Eigentums.

Der zweite Schwerpunkt, der seine Grundlage im ersten, dem des Wissens und geistigen Eigentums, findet, zielt auf das Vorhandensein von Produktpiraterie ab. Dieser Schwerpunkt beginnt bei Abschnitt 4.2. als Gegenentwurf zur legalen Verwendung von geistigem Eigentum. Ich versuche hier, Produktpiraterie als solche möglichst umfassend zu erklären und gewisse Grundlagen zu legen. Einige Aspekte der Produktpiraterie werden genauer beleuchtet werden, wobei deutlich werden soll, dass Produktpiraterie anders als häufig bekannt betrachtet werden kann. Zur Verdeutlichung wurde daher der Unterabschnitt 4.2.2. erarbeitet.

Im Punkt 5 werden beide Schwerpunkte zusammengeführt. Hier werden Vorschläge für einen anderen Umgang mit Wissen unterbreitet, die eine andere Betrachtung der Produktpiraterie erlauben.

## 2. Wissen

Aus ökonomischer Sicht handelt es sich bei Wissen um einen stetig gewichtiger werdenden Rohstoff. Neben klassischen Produktionsfaktoren wie Arbeit und Kapital gewinnt Wissen immer mehr an Bedeutung und erreicht einen Anteil von mindestens 60% der Gesamtwertschöpfung eines Unternehmens.[3] Dennoch ist es aufgrund der hohen Abstraktheit schwierig eine allgemeine Definition zu finden. So lässt sich Wissen definieren als "die Kombination von Daten und Informationen unter Einbeziehung von Expertenmeinungen, Fähigkeiten und Erfahrungen, mit dem Ergebnis einer verbesserten Entscheidungsfindung. Wissen kann explizit und/oder implizit, persönlich und/oder kollektiv sein".[4] Dagegen lässt sich verkürzt sagen, dass Wissen durch die individuelle Bewertung einer Information entsteht,[5] Wissen ist eine "Information, die aufgrund von Erfahrung oder durch logische Ableitung begründet ist".[6]

Kennzeichnend für Wissen ist die Eigenschaft als öffentliches Gut. Das beinhaltet eine Nicht-Rivalisierbarkeit und eine Nicht-Ausschließbarkeit.[7] Ersteres bedeutet, dass Wissen in seiner Benutzung nicht eingeschränkt ist. Es kann bei Benutzung von einer Seite simultan und ohne Verschleiß auch von anderer Seite verwendet werden. Weiter ist es nicht möglich, nach einer Offenlegung Andere von der Nutzung des bekannt gemachten Wissens auszuschließen.[8] Dies leitet sich unmittelbar aus dem grundsätzlich immateriellen Charakter des Wissens ab und bildet das Kernproblem, das Wissen

[3] Vgl. Freund u. Panic, Wissen managen, S. 13.

[4] Ebd. S. 14.

[5] Vgl. Goldhammer, Wissensgesellschaft und Informationsgüter, S. 81.

[6] Walther Umstätter, Semiotischer Thesaurus: http://www.ib.hu-berlin.de/~wumsta/infopub/textbook/definitions/dn5.html.

[7] Vgl. Liebig, Regulierung geistiger Eigentumsrechte, S. 7ff.

[8] Bei zunehmender Komplexität des Wissens verringert sich die Nicht-Ausschließbarkeit auf einen im gleichen Maße kleiner werdenden Kreis.

in sich trägt. Wissen steht in einem Zielkonflikt zwischen öffentlichem und privatem Interesse. Dieser Konflikt verschärft sich, wurde das Wissen auf privater Seite erdacht. Dem privaten Erdenker von Wissen stehen nach unseren Vorstellungen von privatem Eigentum Eigentumsrechte für sein erdachtes Wissen zu. Trotzdem sind ein öffentliches Interesse und eine öffentliche Nutzungsberechtigung vorhanden.[9] Eine gerechte Lösung dieses Konfliktes kann nur mithilfe gesellschaftlicher Ethik und Moral gefunden werden.

Eine Messung des Wissens ist nicht möglich, daher ist es nicht in einer Mengeneinheit greifbar.[10] Die Kosten zur Erstellung einer "Einheit" wirtschaftlich verwertbaren Wissens sind nicht zu beziffern. Die Innovationsfähigkeit, das Kreativpotential, das Potential der Mitarbeiter spielen hier eine Rolle.[11] Die ökonomische Konsequenz ist, dass Wissen heikel zu bewerten ist.[12] Als öffentliches Gut neigt es zum Marktversagen. Ein Markt, auf dem durch Angebot und Nachfrage ein Preis für Wissen entstünde, ist nicht greifbar. Damit Wissen gehandelt werden kann, bedarf es eines Trägerme-

---

9 Eine öffentliche Nutzungsberechtigung leitet sich z.B. aus ethischen Gründen bzw. einem übergeordnetem öffentlichen Interesse ab, wie bei Wissen um pharmazeutische Produkte. Die Debatte um den Einsatz von teuren AIDS-Medikamenten in Dritte-Welt-Ländern ist hier als Beispiel zu nennen.

10 Vielleicht lässt sich Wissen irgendwann als Anzahl (neuronaler) Impulse im Gehirn messen. Oder Wissen wird ähnlich wie bei Google in einer Art PageRank durch die Benutzung und Bewertung gezählt.

11 Häufig ist die wirtschaftliche Relevanz des Wissens nur schwer abschätzbar. Als Beispiel soll hier an die SMS-Funktion von Mobiltelefonen erinnert werden, die nur als Nebenfunktion geplant schon bald eine Killerapplikation wurde. Wissen kann aus einem Zufall heraus oder durch langwierige Forschung, die ökonomisch vorzuziehen ist, entstehen. Ist das Wissen erdacht, so fallen lediglich die Kosten der Verbreitung durch z.B. Schulung, Training usw. an.

12 Eine Bewertung ist nur indirekt möglich, z.B. über die Anzahl der Patente, die eine Firma besitzt, oder über die Anzahl an Titeln bzw. akademischen Abschlüssen einer Person. Die Aussagekraft solcher indirekten Wissensindikatoren ist jedoch beschränkt.

diums. In dieser Form wird Wissen quasi materiell. Es liegt dann gebunden in einem Produkt oder einer Marke vor.

Weiter kann Wissen in expliziter und impliziter Form vorliegen. Ersteres unterscheidet sich durch die Möglichkeit der Kodifizierung etwa in Buchform von Letzterem. Implizites Wissen dagegen ist nicht kodifiziert. Das implizite Wissen trägt der Betreffende in sich, vermag es aber nicht oder nur schwer zu verbalisieren.[13] Durch diese zwei Wissensformen ergeben sich unterschiedliche Transaktionskosten für Wissen. Während sich explizites Wissen z.B. verbal in einer Schulung transferieren lässt, ist der Aufwand für implizites Wissen höher. Implizites Wissen kann gegen die ungewollte Nutzung durch Dritte, einem so genannten Wissensspillover, bestehen. Daher "gilt implizites Wissen heute in vielen Branchen als zentraler Wettbewerbsvorteil, mit dem Produktivitätsvorsprünge gegenüber der Konkurrenz verteidigt werden"[14].

Die zunehmende Nutzung des Internets eröffnet einen neuen Blick auf den Umgang mit und das Verständnis von Wissen. Es wird in zunehmendem Maße öffentlicher. Online-Lexika wie Wikipedia verwalten das Wissen antiautoritär.[15] Demgegenüber steht das autoritäre Wissen, das von Experten

---

13 Fähigkeiten wie Fahrradfahren oder Schwimmen fallen hier ein. Das Wissen über die komplexen physikalischen Prozesse ist dem Anwender oft unbekannt. Ebenso kann man das Wissen über Kulturen, die z.B. eigene Rituale für bestimmte Situationen kennen, an dieser Stelle anführen.

14 Liebig, Regulierung geistiger Eigentumsrechte, S. 9.

15 In diesem Zusammenhang wird häufig von der sogenannten Schwarm-Intelligenz, einem von allen Beteiligten zusammengetragenen Wissen, gesprochen. Die qualitative Bewertung dieses Wissens gegenüber autoritärem Wissen ist umstritten. Die bekannteste Instanz antiautoritären Wissens ist Wikipedia. Qualitativ bewegt sich das Onlinelexikon auf Augenhöhe mit der Onlineausgabe der Encyclopaedia Britannica. Eine Studie des Magazins Nature ergab bei 50 Artikeln für Wikipedia 162 Fehler gegenüber 123 Fehlern in der Britannica (vgl. Gleich gut, gleich schlecht; Die Zeit; 15.12.2005). Hieraus ergibt sich ein Fehlerdurchschnitt von 3,24 in Wikipedia zu 2,46 in der Britannica. Dennoch ist Wikipedia aufgrund von vandalisierten Beiträgen oder mutwilligen Falschdarstellungen umstritten und eine Zitierfähigkeit

verwaltet wird. Der Zugang zu Wissen wird durch die antiautoritäre Verwaltung erhöht. Dieser Wandel im Umgang mit Wissen macht sich bereits in Teilen der Wirtschaft bemerkbar. Wissen wird von Anwendern erstellt in Form von freier Software, es wird getauscht oder verschenkt. Derzeit befindet sich Wissen in einem Umbruch.[16] Der Zugang zu, der Umgang mit und das Verständnis von Wissen hat ein Synonym bekommen: Google.

---

bleibt zweifelhaft. Andere Formen antiautoritären Wissens haben sich in Form von gemeinschaftlich entwickelter Software bereits durchgesetzt.

16 Hierbei stoßen besonders wirtschaftliche Gründe aufeinander. Auf der einen Seite stehen liberale aber scheinbar weniger profitable Vorstellungen über den Umgang mit Wissen. Die andere Seite bevorzugt eine restriktive und durch die künstliche Verknappung lukrative Verwendung der Ressource. Eine Lösung dieses Konfliktes ist nicht in Sicht. Dennoch ist zu vermuten, dass eine Lösung vom jeweiligen Machtpotential (sei es wirtschaftlich oder politisch) einer Seite abhängig sein wird, so dass eine Lösungsentscheidung nicht zwangsläufig auf der Grundlage eines demokratischen Majoritätsprinzip fußen muss.

# 3. Geistiges Eigentum

Im Folgenden wird nun eine Form zur Einteilung des Wissens vorgestellt. Dabei handelt es sich um die etablierte Auffassung des geistigen Eigentums. Die nachstehende Darstellung soll einen ersten Überblick über die Ordnung des geistigen Eigentums vermitteln. Anhand der vielfachen Begriffsüberschneidungen ist auf einfache Weise die Komplexität der Zusammenhänge zu erkennen. In dieser Arbeit wird nur ein Bruchteil der abgebildeten Begriffsfelder angesprochen werden. Dabei wird auf die gebräuchlichsten Formen zurückgegriffen. Dennoch soll diese Darstellung zur Vollständigkeit und zur besseren begrifflichen Einordnung genutzt werden können.

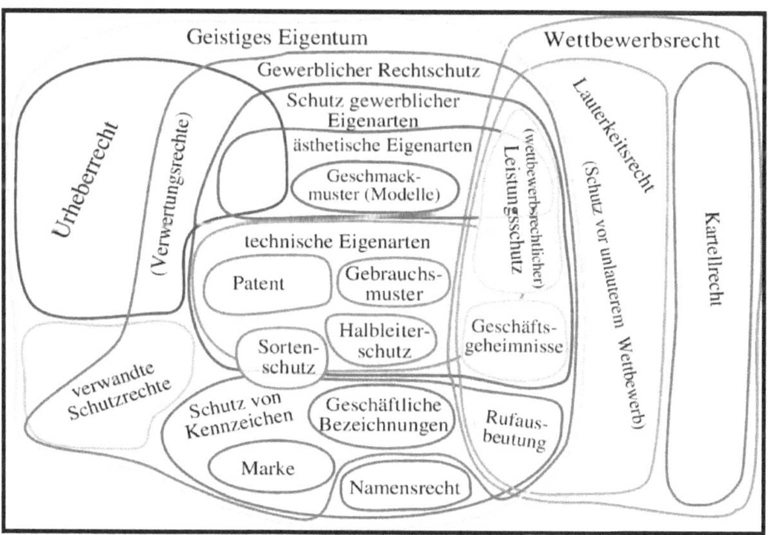


Abbildung 1: Darstellung der Begriffshierarchien unter dem geistigen Eigentum[17]

[17] Quelle: http://de.wikipedia.org/wiki/Bild:Geistiges_Eigentum_und_Wettbewerbsrecht.png

Im weiteren Verlauf wird zunächst der Begriff des geistigen Eigentums erläutert, wobei auch die Entwicklung im historischen Kontext ihre Darstellung findet. Im Anschluss daran folgt ein Einblick in die verschiedenen Formen des geistigen Eigentums, um danach die typischen Eigenschaften und die daraus resultierenden Problematiken aufzuzeigen. Ferner wird der Umgang mit dem geistigen Eigentum beschrieben und dabei das Thema Produktpiraterie beleuchtet. Abschließend wird versucht, alternative Vorschläge zum Umgang mit der missbräuchlichen Verwendung geistigen Eigentums zu unterbreiten.

## 3.1. Begriff und Eigenschaften

Ein System zum Umgang mit Wissen, das sich in den Industrienationen durchgesetzt hat, ist das des geistigen Eigentums. Diese Eigentumsform ergibt sich aus der Existenz von wirtschaftlich verwertbarem Wissen und erweitert den Eigentumsgedanken von materiellen auf immaterielle Güter. Die Kenntnis um die oben genannten Eigenschaften des Wissens tragen zum besseren Verständnis des geistigen Eigentums bei. Die Konstruktion geistigen Eigentums versucht einerseits Wissen auf eine Person oder einen bestimmten Personenkreis zu beschränken, um damit der Leistung der Wissensfindung gerecht zu werden.[18] Andererseits sucht es auch den Ausgleich zu den Interessen der Öffentlichkeit im Bezug auf Wissen, indem es bei Inanspruchnahme der Schutzrechte erstens eine Offenlegung des Wissens verlangt und zweitens diese Schutzrechte nur zeitlich begrenzt erteilt werden, um nach Ablauf einer Frist das geschützte Wissen zurück in ein öffentliches Gut übergehen zu lassen. In der Funktion ermöglicht die Vorstellung geistiger Eigentumsrechte den Ausschluss von Wissen gegenüber Dritten.

[18] Sowohl natürliche als auch juristische Personen.

Verwaltet werden geistige Eigentumsrechte in nationalem Recht und internationalen Abkommen. Innerhalb der Europäischen Union regeln zudem das europäische Patentübereinkommen (EPÜ)[19] sowie die Gemeinschaftsmarkenverordnung (GMVO) Teile der Nutzung geistiger Eigentumsrechte. Weiter werden geistige Eigentumsrechte über Richtlinien in den Verordnungen der einzelnen Mitgliedsländer harmonisiert.[20] Im internationalen Zusammenhang sind die Abkommen der Welthandelsorganisation (engl.: WTO) und dort im Besonderen das Übereinkommen über handelsbezogene Aspekte der Rechte am geistigen Eigentum (engl.: TRIPS) zu nennen. Daneben existieren auf internationaler Ebene die Pariser Verbandsübereinkunft und die Berner Verbandsübereinkunft. Auch die Weltorganisation für geistiges Eigentum (engl.: WIPO) ist zu erwähnen.[21]

Die wirtschaftliche Bedeutung des geistigen Eigentums lässt sich ablesen in den jährlich aufkommenden Ranglisten für große Markenhersteller[22] beziehungsweise in den zunehmenden Patentanmeldungen. Aus der Perspektive eines Produzenten wird ein weiterer Wert des geistigen Eigentums offensichtlich. Die Aufwendungen, die für eine Etablierung einer Marke notwendig sind, sind nicht unerheblich. Die Notwendigkeit dazu ergibt sich aus einer wachsenden Relevanz an Kundenbindung. Ebenso bedarf es in gesättigten Märkten einer zunehmenden Individualisierung der Produkte, um dem Gedanken einer Austauschbarkeit zu entgehen. Diese Funktionen werden durch geistiges Eigentum geschützt.[23] Im Bezug auf z.B. technische Eigenschaften eines Produktes tritt diese schutzrechtliche Bedeutung geis-

---

19 Die Besonderheit der EPÜ liegt in der Möglichkeit durch einen Antrag Patente in verschiedenen vom Antragsteller ausgewählten europäischen Mitgliedsstaaten anzumelden. Ein durch das Europäische Patentamt in München im Rahmen der EPÜ erteiltes Patent zerfällt nach der Erteilung in nationale Rechte.

20 Z.B. durch die Richtlinie 89/109/EWG (Markenrichtlinie).

21 Vgl. Marx, Schutzrechtsmanagement, S. 2593ff.

22 Z.B. interbrand (www.interbrand.com) oder best brands (www.bestbrands.de).

23 Vgl. Marx, Schutzrechtsmanagement, S. 2575f.

tigen Eigentums ebenfalls hervor. Eine weitere wirtschaftliche Dimension offenbart sich, betrachtet man Umsätze in wissensintensiven Branchen wie der Pharma-, Agrochemie- oder Saatgutindustrie. Der Umsatz der drei größten der Branchen betrug im Jahre 2002 ca. 50 Mrd. Dollar. Davon entfielen 2 Mrd. Dollar auf den führenden Produzenten der Saatgutbranche. Der führende Saatgutproduzent des Jahres 2006 erwirtschaftete einen Umsatz von 4,0 Mrd. Dollar.[24]

Da es zum Umgang mit Wissen verschiedene Auffassungen gibt, existierten weitere Begriffe zur Bezeichnung geistigen Eigentums. Die Bezeichnung "geistiges Eigentum" selbst trägt eine Vorstellung von Wissen in sich, nämlich die, dass Wissen ein Eigentum darstellt, analog zu materiellen Gütern, welche juristisch mit Rechten versehen sind.[25] Unter anderen Voraussetzungen ist es jedoch möglich, aus einer anderen Wissensidee heraus dieses Konstrukt anders zu benennen. Ein anderer Blickwinkel ergibt sich aus der Bezeichnung als geistige Monopolrechte.[26] In der juristischen Literatur findet sich weiterhin die Bezeichnung Immaterialgüterrecht.[27]

Kompliziert bei den zum geistigen Eigentum entstandenen rechtlichen Regelungen ist, dass sie universell versuchen, Wissen in seiner Gesamtheit zu

---

[24] Vgl. Böder u.a., Wissensallmende, S.17 und etc-group, http://www.etcgroup.org/en/.

[25] In einer Diskussion ließe sich jemand, der einen freien Umgang mit Wissen forderte, als jemand bezeichnen, der Eigentum und damit eine Grundlage der Wirtschaft auflösen will. Dieser könnte entgegnen, dass geistiges Eigentum in einem anderen Rahmen entsteht und andere Eigenschaften aufweist als materielles Eigentum.

[26] Der Vorstellung von Wissen als (privatem) Eigentum wird hier der Gedanke des Allgemeingutes gegenübergestellt. Aus dieser Vorstellung heraus wird dann das System des geistigen Eigentums als Monopol aufgefasst. Daher der Schwerpunkt und die daraus folgende Benennung als geistiges Monopol. Vgl. Böder u.a., Wissensallmende, S. 9.

[27] Die Definition von Wissen als Immaterialgut erfasst zwei Punkte. Zum einen verweist es auf den immateriellen Charakter und zum anderen wird erkannt, dass es sich um ein wirtschaftliches Gut handelt.

reglementieren. Hierzu wird das Wissen beispielsweise kategorisiert.[28] Durch den sehr hohen Grad an Abstraktheit, der sich zum einen aus der gewollten Allgemeingültigkeit und zum anderen aus den Eigenschaften des Wissens selbst ergibt, besteht die Gefahr bei dem System geistigen Eigentums ins Metaphysische abzugleiten. Geistige Eigentumsrechte versuchen, Wissen Eigenschaften zu verleihen, welche es per se nicht in sich trägt. Hieraus ergeben sich dann auch die Spannungen und Schwachstellen geistiger Eigentumsrechte. Um geistige Eigentumsrechte dennoch zu rechtfertigen, bedarf es verschiedener Argumentationen. Entsprechend der Schaffung von materiellem Eigentum entsteht geistiges Eigentum durch Arbeit. Daher wird dem Erbringer dieser intellektuellen Arbeit bzw. Tätigkeit das Recht an der wirtschaftlichen Verwertung des Ergebnisses zugesprochen.[29] Aus diesem Besitzverständnis heraus ergeben sich sodann Anreize, neues Eigentum zu erschaffen, um die daraus resultierende Prämie zu erhalten. Marken als Teil des geistigen Eigentums verlieren für den Kunden an Unterscheidungskraft, sollten sie nachgeahmt werden. Daher bedürfen sie eines Eigentumsstatus. Der Verlust dieses Schutzes bedeutet einen Verlust des Anreizes zur Produktion von hochwertigen Markenartikeln. In anderer Weise wird geistiges Eigentum mit dem Zwang zur Offenlegung bei Patenten gerechtfertigt. Hier wird verdeutlicht, dass ohne den Schutz des geistigen Eigentums keine Anreize zur Offenlegung von Erfindungen geschaffen werden.

Das oben genannte Spannungsverhältnis lässt auch eine andere Sicht auf geistige Eigentumsrechte zu.[30] So lässt sich anführen, dass geistige Eigen-

---

[28] Die Kategorisierung erfolgt über Patente, Marken, Urheberrechte usw. und die dadurch angesprochenen Personen, wie etwa Erfinder und Ingenieure, Kaufleute und Autoren. In der diesem Abschnitt anschließenden historischen Herleitung lässt sich das Entstehen dieser Kategorien nachvollziehen.

[29] Vgl. Sommer, Geistiges Eigentum, S. 38f.

[30] Im Sinne einer verantwortungsvollen Unternehmensführung sollte sich ein Unternehmer dieser Konflikte und Argumentationen bewusst sein.

tumsrechte ein Monopol entstehen lassen. Dieses wirtschaftliche Paradoxon eines akzeptierten Monopols ist womöglich einzigartig, da in der Ökonomie Monopole gewöhnlich abgelehnt werden.[31] Auch lässt sich einwenden, dass geistiges Eigentum und die damit verbundenen Schutzrechte neue Entwicklungen durch die für ihren Erwerb anfallenden Kosten behindern. Diese Kosten und die für einen Laien unüberschaubaren Regelungen behindern jeden, der nicht über die notwendigen finanziellen und juristischen Mittel verfügt und auf dem Gebiet der Wissensschaffung tätig ist. Hemmend wirken geistige Schutzrechte im Bezug auf eine Eigenschaft des Wissens, die das bereits vorhandene Wissen im Umfeld häufig zur Schaffung neuen Wissens heranzieht. Dadurch können bei komplexen Themen Verletzungen von Eigentumsrechten auftreten.[32]

Im Rahmen einer SWOT-Analyse ergeben sich aus unternehmerischer Sicht für das System des geistigen Eigentums einige Stärken. Diese liegen z.B. in

---

31 Ausgehend von einem einzelnen Erfinder, Autor oder Unternehmen mag dieses eine Monopol gegebenenfalls tragbar sein. Eine Konzentration solcher Monopole auf einen aus der eben erwähnten Gruppe könnte sich dagegen bedenklich auswirken.

32 Aus gesellschaftlicher Sicht wird geistiges Eigentum zum Teil als Eingriff in die Menschenrechte nach Art. 19 – dem Recht auf Informationsfreiheit – gesehen. In den gesellschaftlichen Kontext fällt die Benutzung der Urheberrechte zur Verhinderung der Veröffentlichung von unerwünschten oder belastenden Dokumenten durch die Autoren. Dazu passt der Versuch der Scientology, die Verbreitung von Scientology belastenden Unterlagen mit dem Verweis auf das Urheberrecht zu unterbinden (vgl. Kunze, Netz-Razzia, S. 22 bzw. vgl. Lischka, Seiten). Auch wenn diese Auslegung des Urheberrechts bei nicht vorliegender geistiger Schöpfungshöhe kaum Chancen auf Erfolg verspricht, so bleibt immerhin die einschüchternde, abschreckende und blockierende Wirkung eines solchen juristischen Vorgehens. Hier wird versucht, das Urheberrecht zur Blockierung der Meinungsfreiheit zu missbrauchen. Betroffen von dieser Diskussion ist besonders das Internet. Hier wurde im Falle Scientology die Entfernung von kritischen Webseiten aus dem Google-Suchindex erreicht, und zwar unter Berufung auf Copyright-Regelungen der Vereinigten Staaten (vgl. Lischka, World.Wide). Betroffen waren jedoch die Google-Nutzer weltweit. Dieser Fall legt unterschiedliche nationale Auffassungen innerhalb des Systems des geistigen Eigentums offen.

der Etabliertheit des Systems. Die Vorstellung von geistigem Eigentum hat sich in den großen Industrienationen durchgesetzt. Gleichzeitig wird es international weiter gestärkt durch die Abkommen der Welthandelsorganisation. Dank dieser äußerst potenten Organisation kann sich die Idee des geistigen Eigentums weltweit behaupten. Das Konzept geistigen Eigentums erlaubt es, Wissen über bestimmte Medien zu handeln.[33] Durch die Zuteilung eines geistigen Schutzrechtes erhält ein Unternehmen ein zeitlich beschränktes Monopol mit allen damit verbundenen Wettbewerbsvorteilen. Aus dem geistigen Eigentum heraus kann ein Unternehmen Verletzungen durch Wettbewerber oder andere Dritte anzeigen und Ansprüche geltend machen. Eine abschreckende Wirkung soll die drohende Kriminalisierung bei Verletzung des geistigen Eigentums haben.

Nachstehende Probleme zeigen die Schwächen des geistigen Eigentums. Für gewöhnlich entsteht geistiges Eigentum nicht von selbst. Für einen Großteil der vorhandenen Rechte bedarf es einer Anmeldung, durch die Kosten entstehen. Weiterhin bedarf es juristischer Auskünfte zur Anmeldung, Verlängerung und Verteidigung der Eigentumsrechte, was ebenfalls kostspielig ist. Bei mehreren Eigentumsrechten entsteht ein zusätzlicher Verwaltungsaufwand. Anträge zur Durchsetzung der Schutzrechte sind ebenfalls mit Kosten durch Gebühren verbunden.[34] Ein Anmeldeverfahren

---

[33] Diese Medien können Lizenzen, Bücher, CDs, DVDs usw. sein. Durch geistiges Eigentum wird der immaterielle Charakter des Wissens mit einem materiellen Trägermedium verbunden.

[34] Z.B. Antrag zur Grenzbeschlagnahme. Über das Ausbleiben eines solchen Antrages erhielt der Autor folgende Auskunft: "Grundsätzlich ist ein Tätigwerden nach der VO (EG) Nr. 1383/2003 nur auf Antrag eines Rechtsinhabers möglich. Fehlt jedoch ein solcher Antrag und es ergibt sich dennoch der hinreichend begründete Verdacht einer Schutzrechtsverletzung, so kann die Überlassung der Ware für zunächst 3 Arbeitstage ausgesetzt werden. Innerhalb dieser Frist kann der Rechtsinhaber den Antrag auf Tätigwerden nachholen (Art. 4 VO (EG) Nr. 1383/2003). Nach Eingang des Antrags schließen sich die regulären Fristen an (Art. 5 VO (EG) Nr. 1891/2004). Die Erkennung eines Plagiats ist in diesen Fällen meist Ergebnis der beruflichen Erfahrung. Oft kommt es auch vor, dass in einer Sendung neben

für geistige Schutzrechte ist langwierig. Die Zeitdauer ist bei der Planung eines Produktes zu berücksichtigen. Dies lässt keine kurzfristigen Überlegungen zu einem Produkt zu. Die Erteilung eines Schutzrechtes kann verweigert werden. Die Durchsetzung eines Schutzrechtes ist mit weiterem Aufwand verbunden, der z.B. von Informationsunterlagen über Schulungen für den Zoll bis hin zur eigenen Recherche gehen kann. Bei einer Schutzrechtsverletzung muss ein Dritter, gegen den Ansprüche erhoben werden können, gefunden und zur Anklage gebracht werden.

Im internationalen Handel ist es vom Grad der "Verwestlichung" der betroffenen Rechtssysteme abhängig, ob und wie Ansprüche gegenüber Dritten durchgesetzt werden können. Der Erhalt eines geistigen Schutzrechtes sichert nicht den Erfolg eines Produktes auf dem Markt und schützt nicht unmittelbar vor Produktpiraterie.[35]

---

Fälschungen von Rechtsinhabern, die bereits einen Antrag gestellt haben, auch Produkte anderer Hersteller enthalten sind, die keinen Antrag gestellt haben. In diesen Fällen liegt der begründete Verdacht nahe, dass es sich auch bei diesen Waren um schutzrechtsverletzende Erzeugnisse handelt. In der überwiegenden Mehrzahl der Fälle hat sich dieser Verdacht dann auch bestätigt. Eine Beschlagnahme nach den nationalen Vorschriften (z.B. § 146 MarkenG) ist ausschließlich auf vorherigen Antrag zulässig. Eine Art Tätigwerden von Amts wegen, wie es Art. 4 der VO formuliert, kennt das nationale Recht nicht." Häring, Auskunft.

[35] Z.B. unterliegen Patente der Marktmacht und sichern nicht den Erfolg gegen potente Mitbewerber. 2003 startete die Firma Wilkinson, die Nummer Zwei unter den damaligen Rasierklingenherstellern, einen Versuch, ihre Marktposition zu verbessern. Dazu führte sie den Wilkinson Quattro Rasierer mit vier Klingen ein. Da die Anzahl der Klingen eines Rasierers ein Hauptverkaufsargument darstellte, schlug Wilkinson den bisherigen Rasierer Mach3 des Marktführers Gillette. Daraufhin sah Gillette seine Marktanteile bedroht und startete eine Abwehrreaktion. Diese bestand aus einer Kombination von juristischem Vorgehen und umfangreichen Marketing. So wurde David Beckham für eine Kampagne engagiert. Während im Hintergrund Patentstreitigkeiten liefen, schaffte es Gillette, einen Rasierer mit fünf Klingen zu entwickeln. Am Ende dieser Schlacht war Gillette immer noch Marktführer, Wilkinson behielt seinen zweiten Platz bei (vgl. Marinovich, Competitive Edge und vgl. Hennes, Solinger Scharfmacher).

Unternehmerische Möglichkeiten ergeben sich aus dem Versuch, geistiges Eigentum zu erweitern.[36] Hinzu kommt die Chance, über Interessensverbände ein günstiges politisches Klima für eine Verstärkung, Ausweitung und Änderung der Auslegung auf diesem Gebiet zu schaffen. Außerdem

36 Eine solche Erweiterung kann versucht werden durch Geltendmachung verschiedensten Wissens als geistiges Eigentum. Dabei werden Unklarheiten oder Ungenauigkeiten in der Gesetzgebung zu geistigem Eigentum kreativ erweitert. Ziel ist es, neue, bisher noch nicht erschlossene aber wirtschaftlichen Erfolg versprechende Bereiche vor anderen Mitbewerbern zu sichern. Hierzu können nationale Eigenarten helfen, um bei erfolgreicher Geltendmachung übrige Nationen innerhalb des Schutzrechtssystems durch eine nun auftretende Ungleichheit der gemeinsamen "Spielregeln" unter Druck zu setzen. Diese Versuche spiegeln sich in der Diskussion um die Zulassung von Softwarepatenten und Patenten auf Leben bzw. Bio- oder Genpatenten wider. Ebenso gehören Trivialpatente in diese Kategorie (vgl. Siehoff, Trivial?). Es gilt jedoch zu bedenken, dass Gesetze nicht in Stein gemeißelt sind. Zwar haben Gesetze, wenn sie sorgfältig durchdacht wurden, eine hohe Bestandskraft. Trotzdem kann der Versuch einer Gruppe, außerhalb der parlamentarischen Ordnung Gesetze zu verändern, erfolgreich sein. Gerade auf Gebieten abseits des öffentlichen Interesses bzw. der Medien können solche Gruppen agieren. Kommen – wie bei Gesetzen zum geistigen Eigentum – ein sehr hoher Abstraktheitsgrad und eine gleichzeitige hohe wirtschaftliche Bedeutung zusammen, so liegt es auf der Hand, hier tätig zu werden. Dadurch wird ein Gesetz unter Druck gesetzt. Im Falle des geistigen Eigentums kann man am Patentgesetz sehen, wie dieses Vorgehen praktisch umgesetzt wird. So wird bei Themen wie Genpatentierung durch Einreichung verschiedenartiger Anträge bei den unterschiedlichsten Patentbehörden versucht, Fakten zu schaffen. Es wird auf die Möglichkeit der Annahme von nur einem Antrag spekuliert, um den Sinn einer Regelung zu erweitern. Eine Behörde entscheidet evtl. für eine Patenterteilung und schafft damit Fakten, die im Falle der Genpatente ethisch bedenklich sein können. Ein Gesetzgeber hinkt mit der Schaffung von Regelungen in seinem Sinne besonders bei neu geöffneten Wissensbereichen hinterher. Es entsteht ein Kreislauf aus neu geschaffenen Fakten, die vom Gesetzgeber aufgenommen werden müssen, und mangelnden Vorgaben für das Patentamt. Für die Gesellschaft bedeutet eine solche Entwicklung, dass eine Aushöhlung demokratischer Mittel stattfindet. So kann es eine einzelne Gruppe oder Lobby schaffen, einen Beschluss repräsentativ gewählter Mehrheiten, die als Abgeordnete auftreten, zu beschädigen. Diese Konsequenz müssen Lobbyisten gegenüber ihren Interessen und der gesellschaftlichen Verantwortung eines Unternehmens abwägen (Vgl. Meichsner, Claims).

besteht die Möglichkeit, geistiges Eigentum strategisch gegen Mitbewerber zu nutzen.[37] Ferner verbreitet sich mithilfe der Wirtschaftsmacht der Industrienationen die Vorstellung, Wissen als geistiges Eigentum zu betrachten. Daraus resultiert die Möglichkeit der Entwicklung eines globalen Standards.

Durch eine übertriebene Anwendung eines Schutzrechtes besteht die Gefahr der Kriminalisierung der eigenen Kunden.[38] Weiter ist die Möglichkeit, ein Schutzrecht vor Gericht nicht verteidigen zu können, als Gefahr für ein Unternehmen zu werten. Allein die Ansässigkeit eines Verfahrens vor Gericht birgt unternehmerische Risiken.[39] Ebenso besteht ein unternehmerisches Risiko, dass ein mit einem Schutzrecht versehenes Produkt nicht am

---

[37] Geistiges Eigentum kann angemeldet werden, um den Mitbewerber zu blockieren. Eine Variante wäre das gezielte Einsetzen von Sperrpatenten bzw. Vorratspatenten. Dabei wird bewusst Wissen nur zu dem Zwecke als Patent in Anspruch genommen, um Dritte an der Verwendung zu hindern. Geschickt platziert wirkt sich ein solches Patent auf nachfolgende bereits erteilte Patente aus, da es von der technologischen Ordnung her gesehen an erster Stelle steht. Ein Sperrpatent ist ohne Schwierigkeiten als Patent anzumelden, da es keinen Zwang zur Nutzung gibt. Für andere Formen des geistigen Eigentums gilt dies nicht, daher ist daran zu denken, das Patent in solchen Fällen in kleinem Umfang im Unternehmen einzusetzen, um den Anschein der Rechtmäßigkeit zu wahren und um ein offensichtlich zur Sperrung eingesetztes Schutzrecht zu verschleiern. Bei einem solchen Umgang mit Patenten handelt es sich um eine Form des "Foulspiels", mit der Risiken verbunden sind. Trotzdem soll auf diese Möglichkeit hingewiesen werden, zumal sie in der Praxis durchaus vorkommt (vgl. Jahn, Vorwärts immer und vgl. Charisius, Die Milliarden-Dollar-Mikrobe und vgl. Kuchenbuch, Gefesselt und vgl. Greenpeace, Gen-Giganten).

[38] Diese Gefahr besteht beispielsweise bei einem zu rigiden Umgang mit Fan-Fiction oder Fan-Seiten im Internet. Häufig werden solche Seiten von Jugendlichen oder anderen Personen ohne Kenntnisse über Schutzrechte betrieben.

[39] Es gilt, Rückstellungen für den Fall einer gerichtlichen Niederlage zu bilden. Ein Verfahren wegen Verletzung von geistigem Eigentum bedeutet eine Gefahr, die sich direkt in der Bilanz eines Unternehmens niederschlägt. Die immateriellen Vermögenswerte können je nach Ausgang eines Verfahrens geschwächt werden oder sogar ganz verloren gehen.

Markt durchgesetzt werden kann. Bei der Dichte der bestehenden Schutzrechte besteht zudem die Gefahr, versehentlich Rechte eines Mitbewerbers zu verletzen. Im internationalen Rahmen trifft man auf eine unterschiedliche Auslegung von geistigem Eigentum. Dies ist sogar innerhalb der WTO-Mitgliedsstaaten vorstellbar.[40] Denkbar ist weiter ein Aufkommen anderer Vorstellungen zum Umgang mit Wissen als die des geistigen Eigentums.[41]

| **Stärken:** | **Schwächen:** |
|---|---|
| Einziges etabliertes Konzept<br>Durch WTO geschützt<br>Wissen wird über Medien handelbar<br>Zeitlich beschränktes Monopol<br>Ansprüche gegenüber Dritten<br>Abschreckende Kriminalisierung | Kosten und Aufwendungen<br>Dauer des Anmeldeverfahrens<br>Verweigerung des Schutzrechtes<br>Durchsetzung des Schutzrechtes schwierig<br>International nur in verwestlichten Rechtssystemen<br>Garantiert keinen Produkterfolg |
| **Möglichkeiten:** | **Gefahren:** |
| Ausweitung des geistigen Eigentums<br>Lobbyarbeit<br>Strategische Nutzung<br>Globaler Standard | Kriminalisierung der eigenen Kunden<br>Schutzrecht wird vor Gericht verloren<br>Kein Erfolg am Markt trotz Schutzrecht<br>Unbeabsichtigte Verletzung von Schutzrechten Dritter<br>Unterschiedliche Auslegung<br>Ablösung des geistigen Eigentums |

Tabelle 1: SWOT-Analyse zum geistigen Eigentum
Quelle: Eigene Darstellung

40 So gibt es unterschiedliche Auffassungen zur Patentierung von Software zwischen den USA und der EU sowie innerhalb der EU (vgl. Polatschek, Die Ämter).

41 Im Hinblick auf die zunehmende Bedeutung der Open-Source- und Creative Common bzw. Copyleft-Bewegung ändert sich die Auffassung von geistigem Eigentum als einziges Wissensverwaltendes System (vgl. Buhr, Kultivierte Freiheit).

## 3.2. Historische Herleitung

Es ist nicht eindeutig festzumachen, wann der Gedanke des geistigen Eigentums zum ersten Mal auftrat, da er sich aus dem ersten Urheberrecht und den ersten gewerblichen Schutzrechten entwickelt hat. Dabei kam es aufgrund von verschiedenen Motivationen, Überlegungen sowie gesellschaftlichen und politischen Ausgangspunkten, die zum heutigen Verständnis von geistigem Eigentum führten, sowohl zu parallelen als auch zu aufeinander folgenden Entwicklungen. Ebenso vollzog sich die Entwicklung in territorialer Hinsicht in den einzelnen Ländern Europas unterschiedlich. Im zeitlichen Ablauf der Entwicklung ist eine Steigerung vom Anfang zum Ende zu erkennen. Beginnt die Entwicklung noch recht sporadisch mit individuellen Lösungen während der Zeit der Ständegesellschaft, so entstehen in kürzer werdenden Abständen bis in die heutige Zeit neuere Regelungen.

Die Ständegesellschaft prägte im 15. und 16. Jahrhundert den Umgang mit Wissen. Der Zugang zu Wissen war gebunden an Beruf und Stand sowie an weltliche und geistliche Instanzen. So war das Wissen aufgeteilt nach seinem Gebrauch. In Zünften verwalteten Handwerker und Künstler das Wissen über ihr Gewerbe. Die Kaufleute brachten ihr Wissen in Gilden zusammen. Religiöses Wissen lag in den Händen der Priesterschaft. Der Adel behielt das Wissen über Verwaltung und Herrschaft für sich. Das Recht lag zu dieser Zeit in den Ständen selbst begründet, die als von Gott gegeben gesehen wurden. Die Entwicklung neuen Wissens galt als Vorrecht, das vom Kaiser, Papst und von Königen oder freien Städten vergeben wurde. Unterschiedliche Herrschaftsformen wie der Absolutismus und Merkantilismus setzten Wissen zur Festigung der Herrschaft gezielt ein. Dies geschah durch die Vergabe von befristeten und streng definierten Gewerbe- und Handelsmonopolen. Dieses System der Monopole begann sich mit den gesellschaftlichen Entwicklungen Europas zu verändern.[42]

Da viele Begriffe der Wirtschaftslehre aus der italienischen Sprache stammen, ist es nicht weiter verwunderlich, dass eine erste Form des Patentes 1474 in Venedig auftrat. Sie war ein Ereignis der besonderen politischen und gesellschaftlichen Konstellation der damaligen Zeit.[43] Ein allgemeiner Patentschutz sollte die Attraktivität Venedigs für geschickte Handwerker und Baumeister steigern.[44] Ein weiterer Abschnitt für die Entwicklung des Patents stellt die 1623 in England verabschiedete Statute of Monopolies dar. Durch sie wurden alle Monopole außer denen auf Erfindungen für ungesetzlich erklärt. Ein erstes deutsches Patentrecht wurde im Jahre 1877 entwickelt.[45]

Auf anderer Ebene führte die Revolution des Buchdruckes 1440 durch Gutenberg zu einem gesteigerten Bedürfnis nach einem Schutz vor Nachdrucken. Gab es vorher bereits eingeschmuggelte Kopien von Büchern in Form von Abschriften und Einzeldrucken territorial konzessionierter Bücher, so wurde dieses Kopieren nun ebenfalls einfacher, wirtschaftlicher und umfangreicher gegenüber den vorherigen Formen. Das ließ den Ruf nach höherer Rechtssicherheit bis ins 18. Jahrhundert hinein lauter werden. Ein öffentlicher Diskurs über das Problem der Nachahmung begann und gipfelte 1710 in dem Statute of Anne. Diese in England verabschiedete Verordnung – zusammen mit späteren französischen Grundsatzurteilen des königlichen

---

42 Vgl. Siegrist, Geschichte des geistigen Eigentums, S. 65ff.

43 Venedig, Florenz und Genua behaupteten sich zu dieser Zeit als freie Städte. Sie kontrollierten ihre Gebiete eigenständig aufgrund der Schwäche von Kirche und Aristokratie. In diesen Städten entwickelte sich eine Form des Handels, die Geldwirtschaft und Zinseinkünfte kannte. Diese Entwicklung fällt in die Zeit der Familie der Medici, die Florenz als Stadtherren verwaltete und gleichzeitig Handels- und Bankgeschäfte betrieb. Ein weiterer Vertreter dieser Zeit ist Niccolo Machiavelli.

44 Vgl. Tilmann, Technikgeschichte, S. 37.

45 Vgl. ebd. S. 40 und Wolfgang Pfaller http://www.wolfgang-pfaller.de/england.htm.

Gerichtshofes – verstand den Autor erstmalig als Urheber mit den dazugehörigen publizistischen Rechten. Für diese rechtliche Feststellung bedurfte es eines gedanklichen Unterbaues. Die Person des Autors wurde geistig vom Schreiber zum Schöpfer überführt.[46] Gleichzeitig diente die Einführung erster Formen eines Urheberrechtes dem Autor als Möglichkeit zur steigenden Selbstbestimmung gegenüber Zensur und Mäzenentum.[47]

Mit der zunehmenden Etablierung des geistigen Eigentums begann auch eine Debatte um den Anspruch der Öffentlichkeit auf Wissen. Dennoch setzte sich das geistige Eigentum bis in die heutige Zeit immer mehr durch und verlor dabei zunehmend seinen ursprünglichen Charakter als "liberal, antimonopolistisch oder etatistisch-liberal motiviert"[48].

## 3.3. Formen

Die World Intellectual Property Organization (WIPO) hat 1967 eine Festlegung für geistiges Eigentum verabschiedet. Darin heißt es, geistiges Eigentum sei zu beziehen auf literarische, künstlerische und wissenschaftliche Werke und weiter auf Aufführungen darstellender Künstler, Lautzeichen und Ausstrahlungen. Hinzu kommen Erfindungen aus allen Bereichen der menschlichen Anstrengung, wissenschaftliche Entdeckungen, Industriedesign, Markenzeichen, Markenzeichen für Dienstleistungszwecke und gewerbliche Namen und Kennzeichen, Schutz vor unlauterem Wettbewerb und weiteren Rechten, welche aus geistiger Tätigkeit in den Bereichen Industrie, Wissenschaft, Literatur und Kunst entstehen.[49] Untergliedert wird

[46] Vgl. Siegrist, Geschichte des geistigen Eigentums, S. 65ff.

[47] Vgl. Dreier u. Nolte, Einführung Urheberrecht, S. 42.

[48] Siegrist, Geschichte des geistigen Eigentums, S. 70.

[49] Vgl. WIPO, Intellectual Property Handbook, S. 3.

das geistige Eigentum in Urheberrechte und gewerbliche Schutzrechte.[50] Diese untergliedern sich in Patent, Gebrauchsmuster, Marke und Geschmacksmuster. Es findet eine Zergliederung des Wissens nach den entsprechenden Einsatz- bzw. Entstehungsorten statt. Die untenstehende Tabelle soll zur Vorbereitung auf die nachfolgenden Unterabschnitte, in denen die Ausführungen zu den einzelnen Schutzrechten dargelegt werden, dienen.

| | **Urheberrecht** | **Gewerblicher Rechtsschutz** | | | |
|---|---|---|---|---|---|
| | | Patent | Gebrauchs-muster | Marke | Geschmacks-muster |
| **Schutzobjekt** | Werke der Literatur, Kunst, Wissenschaft | Technische Erfindungen | Technische Erfindungen (keine Verfahren) | Marken für Waren und Dienstleistungen | Design |
| **Anmeldung** | Nicht erforderlich | Erforderlich | | | |
| **Prüfung** | Nein | Ja | Nein | Ja | Nein |
| **Schutzdauer** | Bis 70 Jahre nach Tod des Urhebers | 20 Jahre | 10 Jahre | Alle 10 Jahre verlängerbar | 20 Jahre |

Tabelle 2: Überblick über die Formen geistigen Eigentums
Quelle: Ernst, IP-Management, S. 6

### 3.3.1. Urheberrecht

Das Urheberrecht richtet sich an Künstler und Autoren. Es zielt darauf ab, die Leistungen dieser Personen – des oder der Urheber(s) – zu schützen. Das kreierte Wissen kann hier in der Gestalt von Büchern, Musikstücken, Reden, Bildern, Gemälden, Software, Fotografien, Filmen, Skripten, Artikeln usw. vorliegen. Allgemein ausgedrückt handelt es sich dabei um Wer-

[50] Daneben sind Gebiete des Wettbewerbsrechtes, insbesondere des unlauteren Wettbewerbs, betroffen.

ke der Literatur, Wissenschaft und Kunst.[51] Erforderlich ist ein gewisser Grad des persönlich erbrachten Anspruches an das Werk. Trotz einiger Eingrenzungen bleibt die Bewertung des Anspruches ein Schwachpunkt. Sie erfolgt erst im Nachhinein, da das Urheberrecht ohne Anmeldung und Prü-

---

[51] Das Urheberrecht wird gerne in einen Schleier der Kultur und Wissenschaft gehüllt, um seine Bedeutung zu erhöhen. Die historische Entwicklung ließ es anfangs aus dieser Tendenz her entstehen, was zu einer Stellung des Urheberrechts neben den rein gewerblichen Schutzrechten beitrug. Aus heutiger Sicht betrachtet scheint die tägliche Benutzung den Verdacht zu erbringen, dass ein großer Schwerpunkt auf dem Schutz am Markt erfolgreicher Produkte liegt. Dieser Verdacht erhärtet sich durch eine Abwägung der Frage, wem das Urheberrecht zum Vorteil gereicht (cui bono). Interessant ist, dass es das Urheberrecht trotz einer intensiven wirtschaftlichen Verwendung geschafft hat, kostenfrei zu bleiben. Vielleicht ist dies durch einen tief verwurzelten Respekt vor dem Buch zu erklären. Dennoch, das Urheberrecht umfasst weit mehr als Literatur, die nichtsdestotrotz ebenfalls wirtschaftlich ausgerichtet ist. Dagegen ließe sich einwenden, dass Urheberrechte z.B. keiner Anmeldung und somit auch keiner Prüfungen unterliegen. Deswegen erscheinen sie aber auch unsicherer als Schutzrechte mit diesen Eigenschaften. Warum gibt es zum Urheberrecht kein Anmelde- und Prüfverfahren, wenn dieses – so wird jedenfalls im Verhältnis von Patent zu Gebrauchsmuster (siehe dazu die entsprechenden Unterabschnitte) argumentiert – sicherer und beständiger ist? Eine geringere gewerbliche Nutzung kann nicht als Grund angeführt werden, da im Bereich urheberrechtlich geschützter Produkte nicht unbeträchtliche Gewinne erwirtschaftet werden. Dass derart geschützte Produkte eine "flüchtigere" Form des Wissens im Vergleich zu patentiertem Wissen darstellen könnten, kann nicht nachvollzogen werden, da diese Produkte an ein Medium gebunden sind, welches eine "Flüchtigkeit" aufhebt. Ein Umkehrschluss wäre dann auch, dass patentiertes Wissen eine geringere Flüchtigkeit aufwiese und damit womöglich auch ohne Anmeldung und Prüfung Beständigkeit hätte. Kommt die Vorstellung von Flüchtigkeit bei urheberrechtlich geschütztem Wissen z.B. von einem Musikstück, welches nicht greifbar ist, wenn es wahrgenommen wird? Aber ist nicht patentiertes Wissen, welches von seinem Medium getrennt wurde, genauso flüchtig? Besonders wenn einem Beobachter das zugrunde liegende technische Verständnis fehlt, erhält das dann eingesetzte Wissen eine besondere Bedeutung. Es erscheint für diesen wie aus dem Nichts und droht sich jeden Moment zu verflüchtigen. In dieser Hinsicht ist Wissen, welches durch Urheberrechte geschützt wird, ebenbürtig mit dem durch Patente geschützten Wissen. Weshalb nun zwei Formen zur Trennung von einem Wissen?

fung von allein (eo ipso) entsteht, und ein Maßstab somit im Nachhinein angelegt wird. Dieser richtet sich nach der Prämisse, dass "[j]e größer der im Werk enthaltende Eigentümlichkeitsgrad ist, um so größer ist sein Schutzbereich".[52] Eine Richtschnur für die Ermittlung des Anspruches oder auch Eigentümlichkeitsgrades wird in der Hauptsache gestützt durch gerichtliche Urteile und Auslegungen. Weiterhin ist es notwendig, dass das Werk bereits gehört, gesehen oder auf sonstige Weise "sinnlich wahrgenommen" wurde. Auf diese Weise kann Wissen für bis zu 70 Jahre nach dem Tode des Urhebers hinaus geschützt werden. Es sichert dem Urheber bzw. später dessen Erben ein exklusives Nutzungsrecht am Werk, das verschiedene Formen der Verwertung z.B. durch Vervielfältigung, Verbreitung usw. und Ansprüche auf Unterlassung beinhaltet. Zudem hat ein Urheber einen Anspruch auf eine Verknüpfung seines Namens mit seinem Werk. Um der Allgemeinheit einen Zugang zu dem durch Urheberrechte geschützten Wissen offen zu halten, existieren einige Regelungen, welche die exklusiven Rechte des Urhebers einschränken. Solche Regelungen betreffen zum Beispiel den Umgang mit Werken im privaten, schulischen oder wissenschaftlichen Rahmen.[53]

### 3.3.2. Patent

Dem Patent haftet stets die Eigenart des Technischen an. Im Patentrecht wird ein Erfinder angesprochen. Dessen Leistung besteht darin, Wissen in technischer Hinsicht neu erdacht bzw. erfunden zu haben. Weiter bedarf es einer gewerblichen Anwendbarkeit dieser neuen Erfindung. Aus dem eben Genannten ergeben sich vier Fragen. Was ist technisch, was ist neu, was ist eine Erfindung und wann gilt eine gewerbliche Anwendbarkeit? Diese Fragen werden durch eine Reihe von Definitionen des Gesetzgebers beantwortet und durch richterliche Entscheidungen gestützt. So wird

[52] Ilzhöfer, Patent-, Marken-, Urheberrecht, S. 208.

[53] Vgl. ebd., S. 183ff.

Technik als eine Beherrschung der Naturkräfte zur Lösung eines Problems definiert. Ferner gilt ein einer Öffentlichkeit noch nicht vorgestelltes Wissen als neu. Eine Erfindung entsteht dann weiter durch die Anwendung einer Lehre zum technischen Handeln auf ein Problem. Ähnlich dem oben genannten Urheberrecht wird an dieser Stelle eine Bewertung der Erfindung hinsichtlich ihres Anspruches vorgenommen. Als Maßstab spielen hier ein Durchschnittsfachmann und der Stand der Technik tragende Rollen. Dagegen lässt sich die gewerbliche Anwendbarkeit relativ einfach herstellen. Es genügt eine Benutzung des Wissens auf irgendeinem gewerblichen Gebiet. Häufig lassen sich detailliertere und aufschlussreichere Antworten durch einen Blick auf die Bereiche, die nicht technisch, nicht neu und keine Erfindung sind, finden.[54]

Dennoch liegt an dieser Stelle ein Schwachpunkt, da durch eine ausgefeilte Argumentation die Einschränkungen der Patentierbarkeit erweitert werden können. Gegenüber dem Urheberrecht lässt sich das Patent somit an mehr als einer Stelle argumentativ und kreativ hinterfragen. Ein Patent entsteht im Gegensatz zum Urheberrecht nicht automatisch, sondern es muss angemeldet und einer Prüfung auf die eben genannten Eigenschaften hin unterzogen werden. Ein Patent hat eine maximale Schutzdauer von 20 Jahren. Eine der Allgemeinheit öffnende Regelung ähnlich dem Urheberrecht ist nicht vorgesehen. Zwar wird Wissen bei der Patentierung der Allgemeinheit offenbart, Forschungseinrichtungen können aber nicht eine dem im Urheberrecht erlaubten Zitat analoge Handlung vornehmen, sondern müssen für die Nutzung patentierten Wissens Lizenzen erwerben oder auf eine pro bono Behandlung hoffen.[55] Einschränkungen zur Paten-

---

54 Vgl. ebd. S. 80ff.

55 Gerade im Bereich Forschung wurden bisher Fortschritte erzielt, welche einen anderen Gedanken zur Patentierung von Wissen aufwerfen. Die Entwicklung in Bereichen der sogenannten Biotechnologie und Gentechnik, welche für den Laien kaum unterscheidbar sein mögen und sogar in die Medizin eingreifen, wirft neue Fragen zur Patentierbarkeit von Wissen aus diesen Bereichen auf. Es ist vielleicht

tierbarkeit liegen z.B. vor für mathematische Methoden, weiterhin sind naturwissenschaftliche oder sonstige Entdeckungen ausgenommen. Mit der Erteilung des Patentes erhält der Inhaber Dritten gegenüber ein Verbotsrecht auf die Nutzung des geschützten Wissens.[56]

### 3.3.3. Gebrauchsmuster

Der Unterschied bei einer Anmeldung von Wissen als Gebrauchsmuster und nicht als Patent liegt in dem Verfahren. Während bei einer Patentanmeldung eine Prüfung auf Neuheit, erfinderischen Schritt und gewerbliche Anwendbarkeit stattfindet, fehlt diese bei einem Gebrauchsmuster. Dennoch bleibt ein Anspruch auf diese drei Eigenschaften auch für das Gebrauchsmuster bestehen. Das Ausbleiben der Prüfungen bedingt einen fi-

---

schon an den Bezeichnungen der Bereiche zu erkennen, dass hier vornehmlich von Technik oder Technologie gesprochen wird. Aus dieser Sicht spricht also nichts gegen eine mögliche Patentierung von Wissen aus diesen neuen Bereichen. Dennoch bleibt ein Unwohlsein. Es bereitet Unbehagen, etwas Organisches so zu behandeln, als wäre es pure Technik. Dieses Unbehagen stammt wahrscheinlich aus dem gesellschaftlichen Kontext. Es spiegelt unsere Moralvorstellung wider. Wir zählen Organisches zum Bereich des Lebens, der mit Respekt zu behandeln ist. Dieser Respekt hat sich in der Gesellschaft, der Kultur bis zum heutigen Tag entwickelt. Die Auswirkungen des Wissens aus diesen Bereichen erzeugen bei einer Patentierung und Kommerzialisierung ethische Bedenken. Auch wenn ein Gesetzgeber sich bemüht, ethische Grenzen aufzuzeigen und entsprechende Regelungen zu erlassen, so wurde bereits an anderer Stelle gezeigt, wie solch ein Bemühen unterlaufen werden kann. Weiterhin wird durch eine vorgehaltene Technisierung versucht, den biologischen Charakter zu verschleiern, um eine Patentierung zu erreichen. Zellen werden zu produzierenden Einheiten verklärt und mit kleinen Fabriken gleichgesetzt, um diesen Zellen eine Patentfähigkeit zu verleihen. Vielleicht sollte über eine neue Kategorie innerhalb der Schutzrechte nachgedacht werden, welche besser als das Patent in der Lage ist, solche ethisch bedenklichen Formen aufzufangen. Eine solche Kategorie sollte ethische Bedenken und sowohl kurz- als auch langfristige Auswirkungen von Wissen auf die Gesellschaft bei einer Kommerzialisierung berücksichtigen. Gleichzeitig sollte sie die oben erwähnte Zitiereigenschaft beinhalten.

56 Vgl. Ilzhöfer, Patent-, Marken-, Urheberrecht, S. 26ff.

nanziellen Vorteil und eine Beschleunigung des notwendigen Anmeldeverfahrens verglichen mit einem Patent. Die Laufzeit beträgt jedoch nur 10 Jahre. Gegenüber dem Patent ist das Gebrauchsmuster wegen des Wegfalls der Prüfungen kostengünstiger.[57]

### 3.3.4. Marke

Eine Marke ist vermutlich die künstlichste und dadurch auch abstrakteste Form des geistigen Eigentums. In ihr bündelt sich das Wissen des Unternehmers über soziale und psychologische Wirkungen eines Kennzeichens für Waren oder Dienstleistungen auf den Markt bzw. Kunden.[58] Eine Marke stellt eine spezielle Form kaufmännischen Wissens dar. Wurden in den vorherigen Formen Autoren, Künstler und Erfinder angesprochen, so ist es hier der Unternehmer. Dieser Sachverhalt wird nicht ausdrücklich im Gesetz geregelt, dennoch ist wohl davon auszugehen, dass die Anmeldung oder Nutzung einer Marke kaufmännischen Absichten folgt. Aus diesem Blickwinkel ergibt sich die Bedeutung der Unterscheidungskraft als Voraussetzung einer Marke. Ohne sie wäre eine Marke für den Unternehmer beim Kunden oder am Markt wertlos. Ein Kunde muss die Möglichkeit haben, eine Marke von einer anderen zu unterscheiden, um die mit einer

---

57 Vgl. ebd., S. 87ff.

58 Die unternehmerische Definition des Begriffs Marke überschreitet die rechtswissenschaftliche Eingrenzung des Wortes auf ein Kennzeichen. Sie bezeichnet darüber hinaus das gesamte Markenbild (Auftritt der Marke: in Werbung, durch Verpackung, visuelle, akustische, haptische Eindrücke), das Markenangebot (welchen Nutzen bietet ein Produkt, welche Anwendung/Verwendung hat ein Produkt?), die Markenbeziehung (welcher Kunde soll angesprochen werden, welche Markenpersönlichkeit soll dazu passen, es wird von einer Tonalität, also dem Klang, einer Marke gesprochen) und die Markenkompetenz (dem Alter, der Herkunft, den Wurzeln einer Marke), welche in einer Markenidentität bündelt. Eine Marke ist für einen Unternehmer durch das Konzept der Markenidentität sehr eng mit dem Produkt verbunden und vice versa.

Marke verbundenen Eigenschaften erkennen und trennen zu können.[59] Diese Unterscheidungskraft wird durch die Annahme eines Durchschnittsverbrauchers ermittelt. Als ausreichend wird bereits ein geringes Maß an Unterscheidungskraft angesehen.[60] Weiter muss ein Kunde eine Marke eindeutig seiner Herkunft zuordnen können. Dies soll gewährleisten, dass ein Anbieter einer Marke für seine Qualität vom Kunden in Anspruch genommen werden kann. Aus dieser Logik heraus erklärt sich auch der mit einer Marke verbundene Unterlassungsanspruch. Er greift im Falle einer Nutzung der Marke durch Andere als den Rechteinhaber. Grundlegend für eine Marke ist ein Kennzeichen, das nicht ebenso als Patent oder Geschmacksmuster geschützt werden kann. Dies bedeutet, dass die Gestaltung einer Marke nicht auf eine technische Notwendigkeit zurückgehen darf. Weiter darf die Gestaltung nicht in einem Geschmacksmuster – also der wesentlichen Form eines Produktes – münden. Ebenfalls darf eine Marke nicht den wesentlichen Wert eines Produktes darstellen. Eine Marke verhält sich mit Blick auf eine Eintragung wie eine Mischform aus Urheberrecht und Patentrecht. Sie entsteht, ähnlich dem Patentrecht, durch Eintragung sowie durch den Gebrauch, also ähnlich dem Urheberrecht. Anstelle des Anspruches an das Werk tritt hier ein Bekanntheitsgrad innerhalb der Verkehrskreise. Für eine Eintragung ist eine schriftliche bzw. graphische Fixierung der Marke notwendig. Ebenfalls gelten weitere Bestimmungen, die eine Eintragung als Marke verhindern, wie fehlende Unterscheidungskraft, Gattungsbezeichnungen, täuschende Zeichen usw. Neben

59 Diese Eigenschaften sind z.B. Hersteller, Qualität und besonders das Image der Marke.

60 Besitzt ein Krokodil mit einem Schwanz, der mit dem Krokodil einen 180-Grad-Winkel aufspannt und daher als liegend bezeichnet werden kann und nicht gekrümmt ist, bereits ein geringes Maß an Unterscheidungskraft gegenüber einem Krokodil mit angewinkeltem Schwanz? Sofern keine Täuschung vorgenommen werden soll, sollte diese Frage bejaht werden können.

der Marke tauchen noch so genannte sonstige Kennzeichen auf. Sie umfassen geschäftliche Bezeichnungen und geographische Herkunftsangaben.[61]

### 3.3.5. Geschmacksmuster

Das an dieser Stelle beschriebene Schutzrecht behandelt Wissen über spezifisches Produkt- oder Industriedesign. Im Gegensatz zu künstlerischem Design steht hier eine gewerbliche Anwendbarkeit im Vordergrund. Zudem zielt das gewerbliche Design meist auf die Herstellung von Massenware im Vergleich zum häufigen Unikat der Kunst. Daher beinhaltet es Wissen zur Anpassung einer Gestaltung an die Bedingungen der Massenproduktion.[62] Die Gestaltung wird in einem Pflichtenheft festgelegt. Hier laufen Wissen z.B. über Käufer, Fertigung, Haptik, Symbolik usw. eines gestalteten Produktes zusammen. Das Geschmacksmuster schützt sodann diese sowohl im zwei- als auch dreidimensionalen Raum speziell gestaltete Form des Produktes. Dies gilt gleichermaßen für Teile eines Produktes. Eine gestaltete Erscheinung kann bei entsprechendem Eigentümlichkeitsgrad ebenso durch das Urheberrecht geschützt werden.[63] Ein Geschmacksmuster entsteht durch eine erfolgreiche Anmeldung. Als Voraussetzung soll ein Geschmacksmuster neu sein und eine Eigenart aufweisen. Geprüft werden diese Eigenschaften durch einen Vergleich mit bereits angemeldeten Geschmacksmustern. An dieser Stelle wird das Geschmacksmuster bewertet. Die Bewertung auf Neuheit fällt positiv aus, solange kein identisches Muster angemeldet ist. Zur Ermittlung der Eigenart wird von einem Durchschnittsbetrachter ausgegangen. Eine solche Bewertung stellt, wie bei den

---

61 Vgl. Ilzhöfer, Patent-, Marken-, Urheberrecht, S. 112ff.

62 Vgl.: http://lexikon.meyers.de/meyers/Industriedesign.

63 Wie sicher ist ein Urheberrecht gegenüber einem anzumeldenden Schutzrecht? Diese Frage wurde bereits weiter oben angeschnitten. Ebenso wurde oben bereits die Problematik der Bewertung des Eigentümlichkeitsgrades im Urheberrecht aufgezeigt.

oben beschriebenen Schutzrechten, einen kritischen Punkt dar, welcher aus einem mangelnden Maßstab resultiert.[64]

## 3.4. Zusammenfassende Überlegungen

Offen bleibt die Frage, ob die oben beschriebene Kategorisierung des Wissens zwangsläufig erfolgen muss, oder ob Wissen in seiner Gesamtheit immer gleich zu bewerten ist. Ist eventuell eine andere Aufteilung des Wissens möglich? Weiter ist die Frage, ob diese Einteilung aus Sicht der Wirtschaft Sinn macht. Aus der ökonomischen Perspektive ergibt sich eine andere Relevanz, nämlich eine Einteilung in kommerziell und nicht kommerziell verwertbares Wissen, da die Sicherstellung der kommerziellen Interessen den gemeinsamen Nenner aller Schutzrechte bildet. Wissen, das nicht kommerziell verwertbar ist, ist wirtschaftlich nicht relevant und somit nicht schutzbedürftig.[65] Daraus folgt, dass Wissen, das unter Schutzrechte gestellt wird, kommerzialisiert wird. Eine Einteilung in zwei Kategorien könnte also ausreichend sein. Die Schwierigkeit zu erkennen, ob das eingesetzte Wissen kommerziell scheitern oder erfolgreich sein wird, besteht sowohl in der bisherigen Aufteilung als auch in der hier vorgeschlagenen Zweiteilung. Die Wirtschaft benötigt zudem keine Aufteilung des Wissens in Erfindungen, Musikstücke usw., von Bedeutung ist das gesamte in einem Produkt gebündelte Wissen oder, einfach gesagt, das Produkt.

Somit kann verdichtet werden, dass ein kommerziell erfolgreiches Produkt eines Schutzrechtes bedarf. Ein kommerziell nicht erfolgreiches Produkt verliert seinen Schutz durch die aus der Erfolglosigkeit resultierende Nicht-Verwendung und steht automatisch der Allgemeinheit offen. Die Folge dieser Zweiteilung des Wissens wäre eine Vereinfachung für die Wirtschaft. Es

---

64 Vgl. Ilzhöfer, Patent-, Marken-, Urheberrecht, S. 97ff.

65 Dennoch kann für die Allgemeinheit ein Interesse an diesem Wissen bestehen.

gäbe nur noch eine Anmeldung und ein Verfahren, welche für alle Produkte standardisiert sind. Eine Vertiefung dieses Gedankens führt zu den folgenden Überlegungen: Durch eine Konzentration der Betrachtung auf ein Produkt entstünde eine Mischung aus den folgenden bereits bestehenden Formen des geistigen Eigentums. Der gewerbliche Anspruch kann zum Beispiel aus dem Patentrecht abgeleitet werden. Eine Regelung zur Laufzeit käme im übertragenen Sinne aus dem Markenrecht und bedeutete einen Zwang zur Benutzung bei einer gleichzeitigen Schonfrist von eventuell fünf Jahren. Im Falle einer Registrierung müssen die Produkteigenschaften erfasst werden. Hier überschneiden sich die Anforderungen aus Patent-, Gebrauchsmuster-, Marken- und Geschmacksmusterrecht. Eine Offenlegung wie im Patent und Gebrauchsmusterrecht wird mit einem Zwang zur Darstellbarkeit wie im Marken- bzw. im Geschmacksmusterrecht zusammengeführt. Andererseits ließe sich über eine andere Art der Entstehung des Produktschutzes ähnlich dem des Urheberrechtes bzw. des Markenrechts (Benutzermarke) nachdenken. Um eventuellen Produkten von trivialem Inhalt den Zugang zum Schutzrecht zu verweigern, ist eine Form der Schöpfungshöhe (Urheberrecht) bzw. erfinderischer Tätigkeit (Patent- und Geschmacksmusterrecht), zusammengenommen eine Mindestanforderung an ein Produkt, abzuwägen. Ein Zwang zur Neuheit und Unterscheidungskraft, wie er im Patent- respektive Markenrecht verlangt wird, ergibt sich für ein Produkt eigenständig aus dem Marktgeschehen heraus. Es sollte zudem eine Prüfung auf kartellrechtliche – genauer gesagt monopolbildende – und gesellschaftsethische Problematiken vorgenommen werden. Am Ende stünde ein einziger Produktschutz. Dieser betrachtet das Produkt in seiner Gesamtheit und schützt es als geistiges Eigentum. Das eben Dargestellte soll als Gedankenspiel eine Vorstellung einer anderen Aufteilung des geistigen Eigentums skizzieren.

# 4. Die Verwendung des geistigen Eigentums

Das Konstrukt des geistigen Eigentums findet seine Verwendung in mannigfachen Formen im alltäglichen Gebrauch. Durch Schaffung von Wissen als Eigentum lässt es sich legal in den Wirtschaftskreislauf einflechten; Wissen wird nutzbar gemacht. Die Nutzbarkeit des Wissens bietet eine vermeintliche Sicherheit, die dem des klassischen Eigentumsrechtes gleicht. Die Eigenschaften des Wissens (nicht ausschließbar, nicht rivalisierend, nicht physisch) lassen sich durch das Konstrukt des geistigen Eigentums nicht aufheben. Im Folgenden soll sowohl auf die legale Nutzung des geistigen Eigentums als auch auf die mit der unrechtmäßigen Nutzung zusammenhängende Problematik eingegangen werden.

## 4.1. Legale Nutzung

In der betriebswirtschaftlichen Literatur findet sich häufig eine unkritische Darstellung des geistigen Eigentums. Besonders in Bezug auf die Problematiken der illegalen Nutzung stellt das geistige Eigentum ein "Allheilmittel" dar. Es wird suggeriert, dass sich damit alle bestehenden Schwierigkeiten bewältigen lassen. Dem liegt die Vorstellung einer absoluten Kongruenz des Wissens mit den einzelnen Formen des geistigen Eigentums zugrunde. Weiter scheint von einer Lückenlosigkeit der gesetzlichen Regelungen ausgegangen zu werden. Daher werden in der Folge klar definierte und erkennbare Regelverstöße impliziert. Letztendlich scheint es, als seien die Eigenschaften des Wissens durch die Schaffung des geistigen Eigentums aufgehoben. Das allgemeine Interesse an Wissen wird als ausreichend berücksichtigt angesehen.

Maßgeblich wird geistiges Eigentum zum Schutz von Wissen genutzt. Es soll die Grenzen zwischen legaler und illegaler Verwendung aufzeigen, um einem Besitzer geistigen Eigentums Gelegenheit zur Verteidigung zu geben. Auf diese Weise sollen Alleinstellungsmerkmale eines Produktes gesichert werden. Neben dieser Form der Positionierung, welche auf eine Herausstellung besonderer Merkmale eines Produktes ausgerichtet ist, wird eine zweite Positionierungsstrategie empfohlen. Diese Strategie macht sich die oben bereits angesprochenen Lücken und Ungenauigkeiten des geistigen Eigentums zunutze. Es werden – sei es durch die Regelungen selbst oder durch Unachtsamkeit eines Produzenten – unzureichend geschützte Eigenschaften eines Produktes erkannt und nachgeahmt. Es entsteht ein Nachahmer- oder auch Me-Too-Produkt[66]. Solch eine Vorgehensweise, die durchaus gleichrangig zur Alleinstellungsstrategie ist, wird als Imitations- oder Me-Too-Strategie bezeichnet.[67] Als friedliche Konkurrenzstrategie empfiehlt sie sich für Produkte, welche eine hohe Substituierbarkeit gegenüber Produkten der Mitbewerber aufweisen. Weiter empfiehlt sich die Methode für ein Unternehmen, das auf einem gut entwickelten Markt mit etabliertem Marktführer agiert. Gleichzeitig bietet sie Potentiale zur Kosteneinsparung in den Bereichen Vermarktung, Forschung und Entwick-

---

66 Engl. *Me too* = ich auch, vgl. Ries, Markenwechsel, S. 22.

67 Ein aktuelles Beispiel für ein Nachahmerprodukt ist die Diskussion um das Erfrischungsgetränk Maltonade des Discounters Plus. Dieses ahmt Bionade, ein durch seine Herstellung einzigartiges neues Produkt, nach. Bionade hat bisher einen großen Erfolg am Markt für Erfrischungsgetränke. Es steht derzeit auf Platz drei. Dieser Erfolg leitet sich aus der wohl absoluten Neuartigkeit, welche patentiert ist, ab. Das wesentliche Herausstellungsmerkmal der Bionade liegt in der Herstellung. Anders als andere Erfrischungsgetränke wird sie in einem der Bierherstellung ähnlichem Verfahren gewonnen. Sie wird gebraut. Maltonade ahmt nun die geschmacklichen und sensorischen Eigenschaften der Bionade durch ein anderes Herstellungsverfahren nach. Gleichzeitig ist der Preis für Maltonade geringer als der für Bionade. Vgl. o.A., Volksbrause und Heeg, Bionade und Fromme, Brisante Mischung.

lung.[68] Interessant dürfte es auch für ein Unternehmen sein, den Erfolg eines am Markt neuen Mitbewerberproduktes zu beobachten. Sobald sich ein ausreichender Erfolg abzeichnet, kann durch die Imitationsstrategie versucht werden, den Mitbewerber einzuholen. Hierbei verringert sich das Risiko eines Scheiterns des eigenen Produktes.[69]

Eine Form der Me-Too-Strategie kann in den Methoden der Discounter gesehen werden. Dabei sind reine Discounter, welche ausschließlich Eigenmarken verwenden, von den gemischten Discountern, welche neben Markenartikeln äquivalente Eigenmarken anbieten, zu unterscheiden. Die Me-Too-Strategie eines reinen Discounters reduziert das Imitieren auf wesentliche Produktteile. Auf diese Weise werden Design und Marke häufig vernachlässigt, während Qualität und Grundidee eines Produktes nachgeahmt werden. Ein gemischter Discounter setzt seine Eigenmarken dem Wettbewerb direkter aus als ein reiner Discounter. Daher muss er eine reine Me-Too-Strategie verwenden und möglichst alle Faktoren imitieren.[70] Eine mögliche Gegenwehr der Markenartikelhersteller zu den Me-Too-Strategien der Discounter wird durch die Marktmacht der Discounter erschwert oder verhindert. Daneben ist zu erwähnen, dass Discounter nicht die Produzenten dieser imitierten Produkte sind, wodurch ein Vorgehen gegen sie erschwert wird. Weiterhin bleibt festzustellen, dass Markenartikler für Discounter Eigenmarkenprodukte produzieren.

---

[68] Möglicherweise werden diese eingesparten Kosten durch Aufwendungen auf dem juristischen Felde wieder zunichte gemacht. Zum einen sollten die ausgenutzten Lücken wasserdicht ausgelotet werden. Zum anderen sollte sich auf eine juristische Abwehrreaktion des Nachgeahmten eingestellt werden. Erfolgt hier keine exakte Risikoabwägung, ist von dem Vorhaben einer Imitationsstrategie womöglich abzusehen.

[69] Vgl. teialehrbuch, Marketing und Weyand, Strategie.

[70] So bietet z.B. der Discounter Lidl Eissorten an, die denen von Langnese in vielerlei Hinsicht stark ähneln.

Eine praktische Anwendung findet die Imitationsstrategie durch das Verfahren des Reverse Engineering. Hierbei wird ein Produkt stufenweise analysiert. Die Analyse ermöglicht die Erstellung eines Bauplanes, welcher einen Nachbau des Produktes erlaubt. Der abschließende Schritt ist der eben angesprochene Nachbau, der oftmals durch ein anderes als das Analyseteam zur Kontrolle erfolgt. Ziel des Reverse Engineering ist es, das in einem Produkt gebundene Wissen freizulegen. Dies kann zur Sicherung der Kompatibilität eines eigenen Produktes mit anderen Produkten dienen. Ebenso kann es aber auch zu einem besseren und neuen Produkt führen. Das Reverse Engineering findet in verschiedenen Branchen statt und wird seit längerer Zeit eingesetzt. Am weitesten verbreitet ist es in der Software- und Halbleiterherstellung. Besonders in diesem Bereich finden sich ausschließlich auf Reverse Engineering spezialisierte Firmen. Unter dem rechtlichen Aspekt gesehen wird Reverse Engineering international unterschiedlich geregelt. So lässt das australische Urheberrecht seit 1999 ein Reverse Engineering im Softwarebereich zu.[71] Im deutschen Urheberrecht hingegen findet sich ein Dekompilationsverbot, welches das Reverse Engineering von Software untersagt. Zur Sicherung von Kompatibilitäten kann dieses Verbot durchbrochen werden. Hierbei ist Gegenwehr eines Rechteinhabers zu erwarten. In internationalen Regelungen wie z.B. dem TRIPS findet das Reverse Engineering keine Erwähnung.[72]

Eine weitere legale Nutzung des geistigen Eigentums ergibt sich nach dem Erlöschen eines Schutzrechtes. So werden urheberrechtlich geschützte Produkte gemeinfrei. Der Pharmamarkt kennt daneben die Generika. Hierunter fallen Produkte, deren Patentschutz abgelaufen ist. Daneben sind im Pharmabereich Me-Too-Produkte als Analogprodukte, Biosimilars bzw. Biogenerikum bekannt. Hier wird ein wirksames Patent eines Mitbewerbes durch Änderungen auf molekularer Ebene leicht verändert. Eine Verände-

[71] Vgl. Heise, Australien.

[72] Vgl. Samuelson, Reverse Engineering, S. 1577.

rung der Wirkung findet nach bisheriger Einschätzung nicht statt. Dennoch entsteht ein neues Produkt, welches womöglich patentierbar ist.[73]

Im privaten Bereich erlaubt das Urheberrecht die Herstellung von so genannten Sicherungskopien. Dieser Punkt wird in der Öffentlichkeit besonders diskutiert. Auf der Seite der Produzenten urheberrechtlich geschützter Produkte wird eine strengere Regelung bis hin zum Verbot dieser Privatkopie gefordert. Andererseits wird mit der Informationsfreiheit und dem Eingriff in die Privatsphäre der Bürger dagegen argumentiert. Dennoch ist diese Form der Kopie bisher erlaubt.

Das geistige Eigentum erlaubt den Handel von Wissen über Lizenzen. Solche Lizenzen können relativ frei gestaltet werden. So ist es möglich, Lizenzen z.B. auf einen Zeitraum und/oder eine Person zu beschränken. Ein Zuschnitt der Lizenz auf eine bestimmte Kundengruppe ist möglich. Auf diese Weise entstehen dann z.B. im Softwarebereich reine Nutzungslizenzen für Endkunden. Daneben finden sich im geschäftlichen Verkehr Fertigungs- bzw. Herstellungslizenzen. Weiterhin sind Lizenzen bekannt, welche den Verkauf eines Produktes nur in Kombination mit einem anderen Produkt zulassen. Eine Lizenz, die eine wettbewerbsverzerrende Wirkung in sich trägt, ist nicht zulässig.

## 4.2. Problem der Produktpiraterie

Unter Produktpiraterie kann vereinfacht die illegale Verwendung von geistigem Eigentum verstanden werden. Die Problematik liegt in diesem Fall in der Illegalität der Handlung. Dadurch entzieht sie sich dem legalen Wirtschaftskreislauf und ordnet sich als Wirtschaftskriminalität ein. Produktpiraterie fasst verschiedene Ausprägungen der Nachahmung unter einem

[73] Vgl. scienzz, Biosimilars und AOK, Glossar.

Schlagwort zusammen. Deswegen besitzt jeder eine gewisse Vorstellung über dieses Thema; häufig kann jeder ein anderes Beispiel nennen. Wird versucht, das Thema allgemein anzugehen, offenbart sich, wie verschieden die einzelnen "gekaperten" Produkte zueinander sein können. Genauso wird deutlich, wie verschieden die Ursprungsländer von Produktpiraterie sein können. Produktpiraterie ist so vielfältig wie die legale Wirtschaft selbst. Der Facettenreichtum der Wirtschaft wird auf den Begriff Produktpiraterie zentralisiert. Darüber hinaus ist Produktpiraterie mehr als nur ein vermeintliches Spiegelbild der legalen Wirtschaft. Eine Nachahmung kann viele Ausprägungen annehmen.[74] In der öffentlichen Wahrnehmung der Medien findet Produktpiraterie immer wieder Aufmerksamkeit, sei es durch Fahndungserfolge des Zolls (Beispiel Hamburger Hafen),[75] vor und während größerer Messen (CeBit und IAA),[76] vor und während Phasen steigenden Konsums (z.B. Weihnachten)[77] oder zur Reisezeit als Bericht über Urlaubsmitbringsel usw. Durch Reportagen, Berichte und Beiträge findet das Thema in allen gängigen Medien wie z.B. TV, Radio, Internet und Printmedien Erwähnung. Ein Hauptaugenmerk der Berichterstattung liegt derzeit auf China. Produktpiraterie wird immer fester mit China verknüpft. Produktpiraterie scheint häufig aus dem Blickwinkel der Länder, welche geistiges Eigentum entwickelt haben, als Problem betrachtet zu werden.[78]

Vielfach wird von einem wachsenden Problem der Produktpiraterie geschrieben. In diesem Zusammenhang werden häufig Statistiken über Stei-

---

74 Produktpiraterie kann von Teil- bis zu Komplettnachahmungen eines Originals reichen. Ein Original kann durch verschiedene Produktpiraten, von denen jeder eine eigene Version der Nachahmung fertigt, besetzt werden. Durch Produktpiraten nachgeahmte Waren können in sehr unterschiedlichen qualitativen Formen auf den Markt treten.

75 Vgl. Zoll, Hamburg.

76 Vgl. Hillenbrand, Xerox und vgl. o.A., Was stellen Sie denn aus. Vgl. Viehmann u.a., Blendgranaten.

77 Vgl. BBC, fake und vgl. Sucher, Gabentisch.

78 Vorzugsweise die Industrieländer.

gerungsraten der Produktpiraterie und Schätzungen über Schäden durch Produktpiraterie dargelegt. Der Jahresbericht 2006 Gewerblicher Rechtsschutz[79] gibt zum Beispiel in seinen Statistiken einen Wert von 1,175 Mrd. Euro für sichergestellte Waren aus. Im Vorjahr betrug dieser Wert noch 213 Mio. Euro. Hieraus lässt sich eine Steigerung von ca. 550 Prozent errechnen. Dennoch bleiben diese Zahlen irreführend. Zum einen findet sich keine Auskunft über die Bestimmung des Warenwertes. Anzunehmen ist, dass der Wert der Nachahmungen mit denen der Originale gleichgesetzt wurde. Es kann weiter vermutet werden, dass der Wert eines Originals aus dessen Verkaufspreis abgeleitet wurde. Ob dieses Verfahren sinnvoll ist, bleibt fraglich, da zum einen die Qualität der Nachahmungen erheblich schwanken kann, und zum anderen Nachahmungen oftmals unter dem Preis des Originals verkauft werden. Der reduzierte Preis der Nachahmung ist womöglich einer der Hauptargumente für einen Kauf. Dies trifft besonders zu, je weiter sich die Qualität der Nachahmung der des Originals annähert. Für einige Fälle erscheint die Annahme, ein Kunde hätte von dem Kauf eines Originals unter allen Umständen abgesehen, plausibel. Es kann also aufgrund dieser Statistik kein Schaden für die Wirtschaft in Höhe des oben genannten Wertes für das Jahr 2006 vermutet werden. Gleiches gilt für die Steigerungsrate von ca. 550 Prozent. Es bleibt zu bezweifeln, ob es möglich ist, von dieser Steigerungsrate ohne Weiteres auf eine Steigerung der Aktivitäten im Bereich Produktpiraterie zu schließen. Leider fehlen im oben genannten Jahresbericht Angaben über gestellte Grenzbeschlagnahmeanträge, personelle oder technische Veränderungen und Veränderungen der Prüfhäufigkeiten. So ist anzunehmen, dass eine steigende Anzahl von Grenzbeschlagnahmeanträgen auch zu einer Steigerung der aufgegriffenen Waren führt.[80] Gleiches ist im Falle eines höheren Personalaufwandes oder einer gestiegenen Anzahl an Prüfungen anzunehmen. Da-

---

[79] Vgl. Nürnberg, Jahresbericht, S. 33.

[80] Analog zu einem Spamfilter für einen E-Mail-Account. Je engmaschiger dieser eingestellt wird, umso mehr Spam verfängt sich in diesem Filter.

durch wird die Aussagekraft dieser Statistik eingeschränkt. Für eine ausreichende Betrachtung sollten Zahlen über die Erteilung von geistigen Schutzrechten den Zahlen der aufgegriffenen Waren gegenübergestellt werden. Schließlich ist eine Steigerung der Produktpiraterie durch eine allgemein steigende z.B. Patentierbarkeit denkbar. Womöglich wächst die Produktpiraterie in dem Maße, in dem z.B. die Anmeldungen von Marken wachsen.

Das Problem der Erfassung von Produktpiraterie und den daraus möglicherweise ableitbaren Schäden für eine Volkswirtschaft oder für Unternehmen entsteht durch die Verschleierung, die bei kriminellen Aktivitäten zur Anwendung kommt. Die Produktpiraterie ist somit nur durch Schätzungen oder tatsächliche Aufgriffe der Fahndungsbehörden zu beziffern. Möglicherweise kann z.B. der Umsatzrückgang eines Unternehmens Rückschlüsse auf eventuelle Produktpiraterie geben.[81] Insgesamt entsteht ein lückenhafter Datensatz, der Raum für eine Hochrechnung lässt. Eine Hochrechnung kann den Datensatz vorsichtig oder gewaltig verändern. Hier kommt es auf die Perspektive der Statistiker an, also ob sie die Lage eher positiv oder eher negativ einschätzen. An dieser Stelle kann erwähnt werden, dass verschiedene Gruppen an der Erfassung von Produktpiraterie interessiert sind. Zum einen sind das nationale bzw. internationale einzelne Unternehmen oder Unternehmensverbände (Markenverband), weiter Regierungsstellen bzw. Fahndungsbehörden sowie Stellen in der EU und der UNO bzw. daneben Stellen im Rahmen der WTO. Zudem gibt es diverse wissenschaftliche Ansätze zur Erfassung der Produktpiraterie.[82] Zum Teil sind die einzelnen Gruppen ineinander verwoben. Auf diese Weise entstehen unterschiedliche Einschätzungen zu Ausmaß und Schaden der Produktpiraterie. Neben dem rein wirtschaftlichen Verlust durch nicht verkaufte Einheiten wiegt besonders der Verlust von Wissen schwer, da hier

81 Aber auch hier kann nur das Auftreten eines Produktpiraten selbst erkannt werden, ein vollständiger Rückschluss auf den Schaden kann nicht gezogen werden.

82 Welche sich aber kaum gegen andere Zahlen durchsetzen können, obwohl sie wahrscheinlich exakter sind.

häufig die Wettbewerbsvorteile eines Produktes gebunden sind.[83] Ein Versuch, diese Größe zu messen, ließe sich durch die Aufwendungen im Bereich der Forschung und Entwicklung abschätzen. Eine solche Messung kann von den eben genannten Gruppen, durch die Unternehmen selbst bzw. durch wissenschaftliche Studien durchgeführt werden.

Eine weitere schwer messbare Größe stellt der Imageschaden oder auch Vertrauensverlust bei den Kunden dar. Dieser Schaden kann nur in bestimmten Konstellationen auftreten und daher nicht generell gewertet werden. Eine Voraussetzung für einen Imageschaden ist, dass eine Nachahmung beim Kunden, der im guten Glauben ein „Original" erworben hat, negativ auffällt. Der Vertrauensverlust findet im Privaten des Kunden statt und kann daher kaum gemessen werden.[84] Inwieweit hier monetär gemessen werden kann, ist fraglich. Eine Möglichkeit wäre, die Kosten einer

83 Bei dem verlorenen Wissen handelt es sich um sämtliches mit einem Produkt verbundenen Wissen und beschränkt sich nicht nur auf den rein technischen Aspekt eines Produktes, sondern beinhaltet daneben z.B. Wissen über den angewandten Marketing-Mix. Das Wissen existiert z.B. in den Erfahrungen der Mitarbeiter, Geheimwissen oder Patenten.

84 Messbar wäre z.B. der Imageschaden für ein Unternehmen mit Direkt-Vertrieb an den Kunden. Durch den relativ eng(er)en Kontakt zum Kunden, den der Direkt-Vertrieb gegenüber anderen Vertriebsformen aufweist, könnte ein Imageschaden mit höherer Wahrscheinlichkeit festgestellt werden. Für den Konsumgüterbereich, der häufig über den Handel vertreibt, können Umfragen zur Produktzufriedenheit durchgeführt werden. Eine hohe Rate an unzufriedenen Kunden kann nicht automatisch einen direkten Rückschluss auf Produktpiraterie zulassen, da der Kunde in seiner Beschreibung, wie bereits als Voraussetzung für einen Imageschaden geschrieben, immer vom Originalprodukt ausgehen wird. In dieser Situation kann gezieltes Nachfragen nach Details, die aus bereits bekannten Nachahmungen oder aus der Vermutung von einem Vorliegen von Produktpiraterie abgeleitet werden sollten, eine Täuschung des Kunden durch die Nachahmung feststellen. Gegebenenfalls kann überlegt werden, den Handel, der näher am Kunden ist, für das Problem zu sensibilisieren und um Unterstützung zu bitten, wobei ein Selbstbedienungsgeschäft hierbei weniger hilfreich sein kann als ein klassischer "Tante-Emma"-Laden. Generell gilt, je größer der Abstand zum Kunden, desto schwieriger wird die Feststellung eines Imageschadens durch Produktpiraterie.

geltenden Marketingaktion für den Zeitraum, in dem ein nachweislich durch Produktpiraterie ausgelöster Imageschaden festgestellt wurde, zu beziffern. Der erhaltene Wert steht in Relation zu einem erhofften Imagegewinn,[85] so dass ein Unterschreiten des erwarteten Imagegewinns zum Teil als Folge von Produktpiraterie beziffert werden könnte.[86]

Einfacher wäre die Projektion eines Imageschadens auf das zukünftige Kaufverhalten eines Kunden. Ein geschädigter und enttäuschter Kunde wird schwerer wieder zu erreichen sein. Aus dieser Tatsache heraus kann versucht werden, einen Imageschaden zu beziffern. Schließlich können die Aufwendungen eines Unternehmens zur Neukundengewinnung herangezogen werden. In Relation zu Kundenbindungsmaßnahmen sollte eine Neukundengewinnung um einen Faktor x aufwendiger sein. Ein enttäuschter oder geschädigter Kunde sollte für eine Kundenrückgewinnung schwerer zu fassen sein als ein Neukunde.[87] Die Relation von Kundenrück-

---

85 Dieser erhoffte Imagegewinn fällt je nach Kampagnenart größer (reine Imagekampagne) oder kleiner (anderer Kampagnen-Schwerpunkt, z.B. Information) aus. Für Produkte wird ein Imagegewinn überprüfbar durch einen Abgleich mit der festgelegten Produktidentität. Durch den Vergleich wird deutlich, zu wie vielen Teilen das Selbstbild (Identität) einer Marke bzw. eines Produktes durch das Fremdbild (Image) bei einer Umfrage erreicht wird. Anders kann ein Unternehmen von einem enttäuschten Kunden erfahren, wenn sich dieser innerhalb einer Gewährleistungs- oder Garantiefrist bei dem Unternehmen meldet, um selbige in Anspruch zu nehmen.

86 Nur zum Teil als Folge der Produktpiraterie, da ebenso Mängel der Kampagne als Ursache in Frage kommen. Es sind sehr weiche Faktoren, die hier zur Messung herangezogen werden und die immer im Gesamtumfeld gesehen werden müssen. Dennoch wird häufig versucht, einen Imageschaden zu beziffern, der durch Produktpiraterie verursacht wurde. Daher muss versucht werden, diesen zu messen oder messbar zu machen, um eine Aussage ableiten zu können. Durch die bisher beschriebene "Messung" findet zumindest eine hoffentlich größtmögliche Annäherung statt.

87 Im Falle von Produktpiraterie könnte eine Kundenrückgewinnung versuchen einem Kunden zu erklären, dass der Kunde nicht vom Unternehmen, sondern von dritter Seite getäuscht wurde. Auch wenn sich das Unternehmen bemüht, gegen diese(n) vorzugehen, so sind Kunde und Unternehmen gleichermaßen Opfer einer

gewinnung zu Neukundengewinnung könnte ähnlich der Relation von Neukundengewinnung zu Kundenbindung sein. Für eine Abschätzung eines Imageschadens könnte der oben erwähnte Faktor x zur Berechnung der Kundenrückgewinnung im Bezug zur Neukundengewinnung benutzt werden.[88] Der Imageschaden läge in den Aufwendungen, die für eine Kundenrückgewinnung nötig wären.[89]

Die bisher genannten Schäden beziehen sich auf einzelne Unternehmen. Überdies sind durch Produktpiraterie Ausfälle im volkswirtschaftlichen Bereich zu vermuten. Dies leitet sich zunächst logisch aus der Tatsache ab, dass eine Volkswirtschaft sich unter anderem aus der Summe aller in ihr enthaltenen Unternehmen zusammensetzt. Eine Schwächung eines Unternehmens durch Produktpiraterie wirkt sich in der Folge auf die gesamte Volkswirtschaft aus. Der Schaden wächst, je mehr Unternehmen betroffen sind. In diesen Rahmen könnte eine steigende Arbeitslosenzahl fallen. Weiterhin ziehen illegale Wirtschaftsaktivitäten wie die Produktpiraterie oftmals das Umgehen staatlicher Abgaben mit sich, wodurch ein weiterer volkswirtschaftlicher Schaden entstehen kann.

Eine Volkswirtschaft besteht allerdings gleichermaßen aus der Summe der in ihr enthaltenen Haushalte. Unter der Voraussetzung besonders hochwertiger Nachahmungen könnte sich eine Kaufentscheidung der Haushalte

kriminellen Handlung. Allerdings sollten sich aus dieser Tatsache keine größeren Ansprüche für den Kunden ableiten lassen. Das Unternehmen kann seine Hilfe bei der Aufklärung anbieten. Da Kunde und Unternehmen gleichermaßen geschädigt sind, sollten beide bei der Verfolgung zusammenarbeiten.

88 Sofern die Relation von Kundenrückgewinnung zur Kundenbindung benutzt werden sollte, sollte der Faktor zweimal x sein.

89 Wenn eine Neukundengewinnung zehnmal aufwendiger ist als eine Kundenbindungsmaßnahme, so ist eine Kundenrückgewinnung zehnmal aufwendiger als eine Neukundengewinnung oder 20-mal aufwendiger als eine Kundenbindungsmaßnahme. Somit ließe sich ein Imageschaden beziffern.

am günstigeren Preis gegenüber einem Original orientiert haben.[90] Mit dem Kauf einer Nachahmung der hochwertigen Kategorie kann ein Haushalt eventuell für sich einen Spareffekt erzielen. Das so eingesparte Geld kann im nächsten Schritt der Volkswirtschaft an anderer Stelle zufließen. Dieser Effekt könnte einen Teil der vorher gezeigten volkswirtschaftlichen Schäden ausgleichen.[91] Neben dem Versuch, die oben beschriebenen Schäden eines Unternehmens zu beziffern, kann ein volkswirtschaftlicher Schaden aus der Summe der Unternehmensschäden hochgerechnet werden. Aussagen zu einer steigenden Arbeitslosenzahl sowie Einnahmeausfällen des Staates können aus dieser Summe nicht gezogen werden. Hierzu bedarf es bei ersterem einer ehrlichen Einzeleinschätzung eines betroffenen Unternehmens zu Auswirkungen auf eigene Arbeitsplätze.[92] Für die nächste Stufe gilt es, die Einzeleinschätzungen aller Unternehmen zu summieren. Einnahmeausfälle des Staates durch Produktpiraterie sind kaum zu erfassen. Der beschriebene Spareffekt entzieht sich jeglicher Kalkulation, da er sich im Privaten der Haushalte ereignet.

Produktpiraterie scheint zumindest aus europäischer Sicht immer eine illegale Handlung zu implizieren.[93] Ein Rahmen, der hierfür geschaffen wurde, stellt das geistige Eigentum dar, welches wie bereits oben beschrieben den Umgang mit Wissen regelt. Produktpiraterie kann in verschiedenen Formen auftreten, so dass es einen internationalen Rahmen berührt. Im inter-

---

90 An dieser Stelle braucht kein Unterschied zwischen gutgläubigem oder bewusstem Erwerb gemacht zu werden, da beides den gleichen Effekt auf die Volkswirtschaft hat.

91 Dieser Effekt nimmt ab, je näher der Preis einer hochwertigen Nachahmung mit dem des Originals zusammenfällt. Er wird aufgehoben, sobald Nachahmung und Original den gleichen Preis verlangen und wird ins Negative gekehrt, sobald der Preis einer Nachahmung den des Originals übersteigt.

92 Schließlich sind Unternehmen in unterschiedlichem Maße durch Produktpiraterie betroffen. Ebenso wirkt sich Produktpiraterie unterschiedlich auf kleine, mittlere oder große Betriebe aus.

93 Womöglich kann hier auf die Industrienationen erweitert werden.

nationalen Zustand kann Produktpiraterie seine Illegalität zumindest außereuropäisch verlieren. Gesetzliche Regelungen zum Umgang mit Wissen sind zum Teil in anderen Ländern – aus europäischer Sicht – schwächer oder gar nicht vorhanden.

### 4.2.1. Begriff und Grundlagen der Produktpiraterie

Aus der begrifflichen Hierarchie, vorgegeben durch die Verwendung von geistigem Eigentum, ist Produktpiraterie schwierig zu definieren. Der Begriff Produktpiraterie wird immer nur im Zusammenhang mit Verstößen gegen die unter 3.3 vorgestellten Formen geistigen Eigentums genannt. Unter juristischer Betrachtung zerfällt der Begriff damit als illegaler Tatbestand in die einzelnen Formen.

Als Betroffene verwenden Unternehmen und Wirtschaft Produktpiraterie als einen Überbegriff, um das Problem allgemein zu benennen; in diesen Zusammenhang fällt dann auch der Begriff Markenpiraterie. Der Grund für diese allgemeine Verwendung liegt in der Tatsache, dass von "Piraten" selten nur genau ein juristischer Verstoß verübt wird.[94] Vielmehr werden bei einem "gekaperten" Produkt häufig mehrere gesetzliche Vorschriften und

[94] Daher lässt sich oft nur im spezifischen Fall genau erklären, ob es sich einzig um Produktpiraterie oder um Markenpiraterie oder um beides handelt. Beide Begriffe werden oft synonym verwandt. Diese Schwierigkeit entfiele bei der Verwendung z.B. des Wortes Imitation. Häufig erfolgt, wenn von Markenpiraterie gesprochen wird, schnell ein Übergang zum Markenrecht. Außerdem kann man einen Zusammenhang zwischen der wachsenden Bedeutung der Marke und dem Gebrauch des Begriffes Marken- gegenüber Produktpiraterie vermuten. Dennoch sollte Produktpiraterie begrifflich höher angesetzt werden als Markenpiraterie. Dies ergibt sich aus der Tatsache, dass in einigen Branchen – besonders im Konsumgüterbereich – Marke und Produkt untrennbar verschmolzen sind und dort trotzdem der Begriff Produkt für die Gesamtheit im Vordergrund steht, wenn z.B. von Produktmanagern gesprochen wird. Produktpiraterie ist außerdem umfassender, da sie auch Branchen erfasst, in denen eine derart starke Konzentration auf die Marke nicht stattfindet.

Schutzbestimmungen verletzt. Für den Unternehmer ist dies jedoch zunächst zweitrangig, denn im Resultat bleibt die Tat Produktpiraterie. Der Vorteil des Begriffes Produktpiraterie besteht darüber hinaus darin, dass er die unterschiedlichsten Formen der Verletzung geistigen Eigentums innerhalb der Konsum- bis Investitionsgüterindustrie branchenübergreifend zusammenfasst.[95]

Da es mühsam ist, den Begriff Produktpiraterie über die einzelnen Formen des geistigen Eigentums zu definieren, und da es ebenso mühsam ist, diesen Begriff als Zusammenfassung verschiedener Phänomene zu verwenden, soll versucht werden, eine einleuchtende und umfassende Definition des Begriffes Produktpiraterie zu finden. Dabei gilt es, die Detailtreue der Juristen gegenüber der Verallgemeinerung des Unternehmers abzuwägen. Hierfür lohnt es sich, den Kern des Problems zu betrachten.

Was verbirgt sich hinter dem Begriff Produktpiraterie? Das Wort Piraterie suggeriert eine Form von Raub und damit auf einer anderen Ebene eine Form von Besitz. Tatsächlich wird sich etwas angeeignet, und zwar ein Produkt, aber nicht das Produkt im herkömmlichen physischen Sinne – sonst wäre eine Aneignung schlichtweg Raub. Das Produkt liegt in diesem Fall in der geistigen Ebene als Wissen vor. Dieses Wissen kann hier eine Rezeptur, ein Herstellungsverfahren, eine Neuheit, ein Musikstück usw. sein. Verknüpft ist dieses Wissen allerdings mit einer ökonomischen Komponente, die ebenfalls aus dem Wort Produkt ableitbar ist. Durch diese Komponente erlangt die Produktpiraterie ihre Brisanz.

---

95 Dadurch werden gleichzeitig Unterschiede in den nachgeahmten Branchen wie z.B. Musikindustrie und der Pharmabranche nicht berücksichtigt. Unterschiede liegen hier im technischen Aufwand zur Nachahmung, die andere Organisationsformen für die Produktion mit sich ziehen. Dennoch wird in beiden Fällen von Produktpiraterie gesprochen und somit können relativ einfache mit relativ komplexen Nachahmungen gleichgesetzt werden. In diesem Beispiel werden sogar relativ harmlose mit relativ gefährlichen Nachahmungen gleichgesetzt.

Nach dem Aufschlüsseln des Wortes lässt sich Produktpiraterie somit als die Aneignung nicht selbsterdachten, in erster Linie ökonomisch ausbeutbaren Wissens definieren, die die Schaffung eines Vorteiles für den Aneigner hat. Der Täter ist kein Pirat, sondern ein Nachahmer, Kopierer, Imitator, Plagiator oder Fälscher. Sein Erzeugnis ist nicht etwa die Beute, sondern die Nachahmung, Kopie, Imitation, Fälschung oder das Plagiat.[96] Die Tat selbst kann als Nachahmen, Kopieren o.ä. bezeichnet werden.

Der Variantenreichtum der Produktpiraterie ist sehr hoch. Im Folgenden soll versucht werden, eine Ebene der Varianten der Produktpiraterie abzubilden. Bei der hier gewählten Ebene handelt es sich um die Möglichkeiten der Nachahmungsaktivitäten im Bezug zum Originalprodukt, die sich bezogen auf die Produktion und den Vertrieb in abweichenden Konstellationen entwickeln können.[97] Von Bedeutung ist hierbei der jeweilige nationale bzw. internationale Rahmen. Denn es gilt für den Unternehmer zu bedenken, dass mit zunehmender Internationalisierung das Thema Produktpiraterie in all seinen Ausgestaltungen zunehmend komplexer und schwieriger zu handhaben wird. Wie bereits am Ende von Kapitel 4.2 angesprochen, kann Produktpiraterie im internationalen Rahmen unter bestimmten Voraussetzungen seine Illegalität verlieren.

---

[96] Die Verwendung der Piratensyntax für diesen Sachverhalt hat möglicherweise entgegen der ursprünglichen Intention zu einer Verharmlosung geführt. Ein Pirat ist heutzutage eine abenteuerlich-romantisch verklärte Figur mit einem Status ähnlich dem Robin Hoods. Dem Nachahmer wird hier unbeabsichtigt das Image des sympathischen Underdogs geschenkt. Ursprünglich kommt die Bezeichnung Pirat für Nachahmer aus England (vgl. Siegrist, Geschichte des geistigen Eigentums, S. 68).

[97] Es sollte unmittelbar einleuchtend sein, dass der Bezugspunkt einer Fälschung nur das dazugehörige Original sein kann. Ohne Original wäre eine Fälschung keine, sondern das Original.

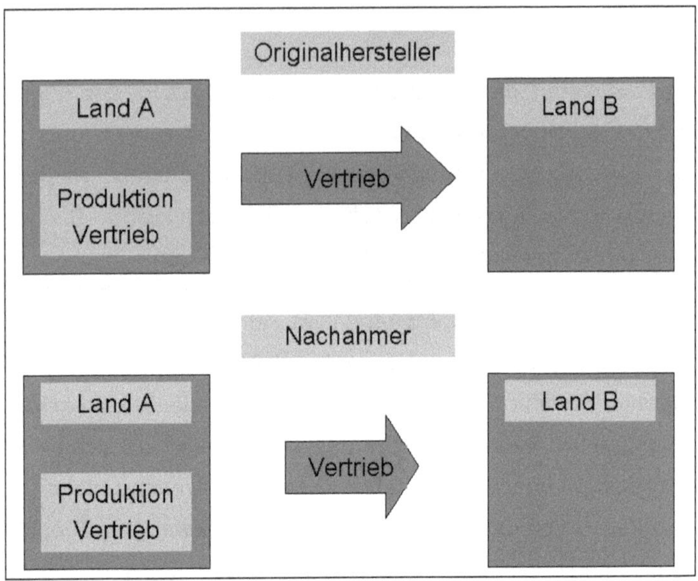


Abbildung 2: Parallele nationale und internationale Nachahmung
Quelle: Eigene Darstellung

Vereinfacht dargestellt kann ein Hersteller eines Originalproduktes im ersten Fall national in einem Land produzieren und vertreiben. Im zweiten Fall kann er international agieren, indem ein Produkt in Land A hergestellt und in Land B vertrieben wird.[98] Im Bezug zu diesen zwei Variationen des Originalproduktes steht eine Nachahmung. Sie kann parallel zum Original produziert und vertrieben werden. Hieraus ergeben sich ebenfalls eine nationale und eine internationale Variante. Insofern kann hier von der parallelen nationalen und internationalen Nachahmung gesprochen werden.

[98] Im Falle eines globalen Unternehmens kann die beschriebene internationale Variante um weitere Länder ergänzt werden. Zu Grunde liegen soll hier nur das Prinzip, dass im internationalen Verkehr mindestens zwei Länder betroffen sind. Das auch mehr Länder betroffen sein können, sollte einleuchten.

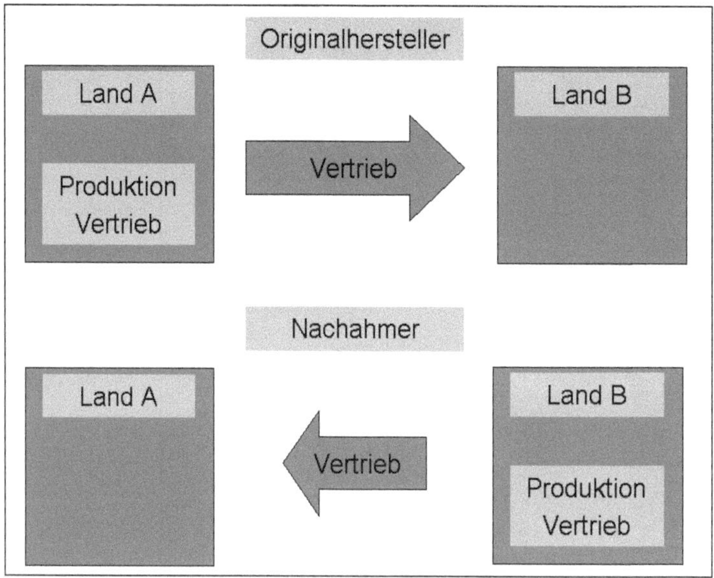


Abbildung 3: Gespiegelte nationale und internationale Nachahmung
Quelle: Eigene Darstellung

Weiter steht eine dem Original umgekehrte Variante in Produktion und Vertrieb zur Verfügung. In diesem Fall handelt ein Nachahmer mit Produktion und Vertrieb umgekehrt zur Produktion und zum Vertrieb des Originalherstellers. Die aus dieser Konstellation entstehende nationale Variante der Nachahmung befindet sich in einem Land, in dem der Originalhersteller tätig ist.[99] Bei der internationalen Variante hingegen überschneiden sich die Tätigkeiten eines Nachahmers und eines Originalherstellers in Produktion und Vertrieb zwischen zwei Ländern. In diesem Fall handelt es sich um die gespiegelte nationale und internationale Form der Nachahmung.

99 Aus einem anderen Blickwinkel heraus könnte diese nationale Nachahmung als internationale Nachahmung zählen, da zwei Länder betroffen sind, nämlich das Land, in dem ein Originalhersteller national produziert, und das Land, in dem ein Nachahmer national produziert. Dennoch wird an der Benennung als nationale Nachahmung festgehalten, da diese mehr Unterscheidungskraft gegenüber einer weiteren Kategorie innerhalb einer internationalen Nachahmung besitzt.

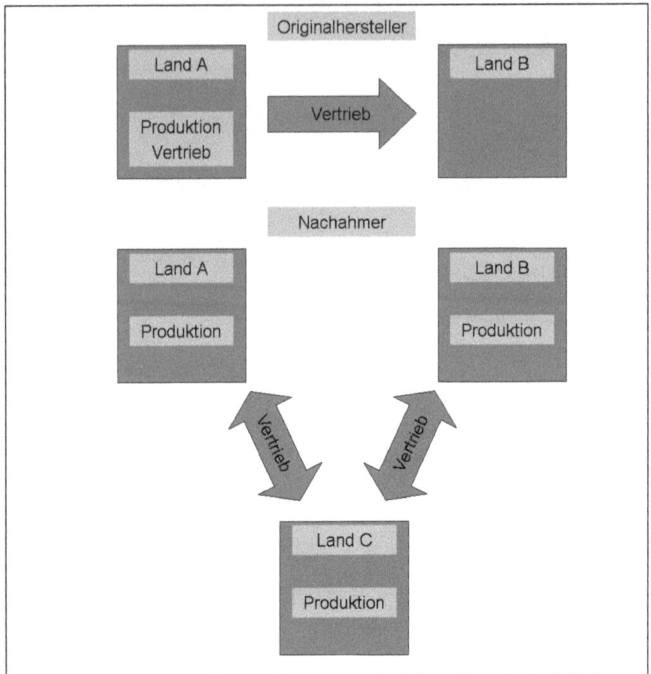


Abbildung 4: Versetzt parallele und versetzt gespiegelte Nachahmung
Quelle: Eigene Darstellung

Eine weitere Lesart ergibt sich durch die Einbeziehung eines dritten Landes, in dem keinerlei Aktivitäten seitens des Originalherstellers vorliegen. In diesem Land (hier Land C) kann der Nachahmer abgeschottet vom Originalhersteller national produzieren und vertreiben.[100] Ebenso kann der Nachahmer unter Umgehung eines durch den Originalhersteller bearbeiteten Landes seine Aktivitäten gestalten.[101] Dadurch stehen dem Nachahmer ein versetztes paralleles und ein versetztes umgekehrtes Verhalten zur

[100] Diese nationale Nachahmung kann wie weiter oben auch als internationale Nachahmung gesehen werden, da im Bezug zum Originalprodukt mehrere Länder betroffen sind. Auch hier soll im Sinne der besseren Unterscheidungskraft weiter von einer nationalen Nachahmung gesprochen werden.

[101] In Bild 4 ist dies dargestellt durch Land B, dessen Marktbearbeitung durch Vertrieb über Land C erfolgt, in dem der Originalhersteller nicht am Markt tätig ist.

Auswahl.[102] Das versetzte parallele Verhalten bedeutet hier eine wie oben erwähnte parallele internationale Nachahmung mit dem Zusatz der Umgehung eines Landes (hier A oder B). Das versetzte umgekehrte Verhalten ist eine gespiegelte internationale Nachahmung unter Umgehung eines Landes (hier A oder B).

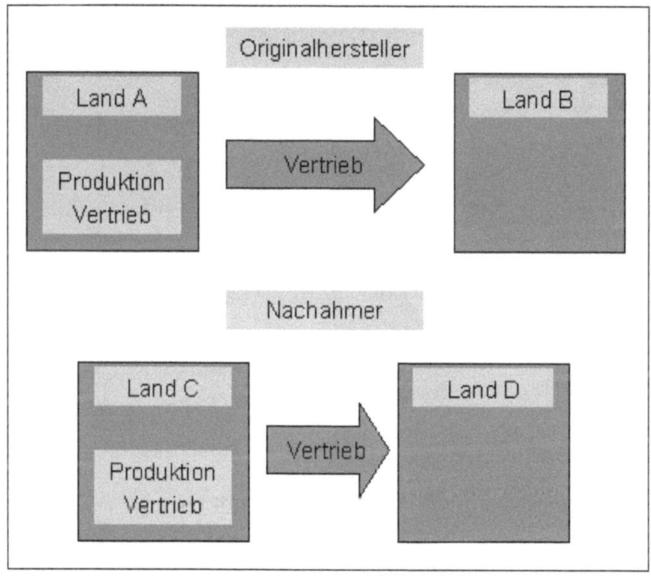


Abbildung 5: Isolierte nationale und isolierte internationale Nachahmung
Quelle: Eigene Darstellung

Unter Hinzunahme eines vierten Landes kann eine isolierte Nachahmung erreicht werden. Hierbei findet eine parallele Nachahmung unter Ausschluss der Länder, in denen der Originalhersteller aktiv ist,[103] statt. Es entsteht eine isolierte nationale bzw. eine isolierte internationale Nachahmung.

[102] Versetzt in einen anderen Blickwinkel, kann es auch als gestreckt bezeichnet werden, da der Vertriebspfeil entweder unter Auslassung des Landes A oder des Landes B mathematisch gesehen gestreckt wird.

[103] In diesem Beispiel der Länder A und B.

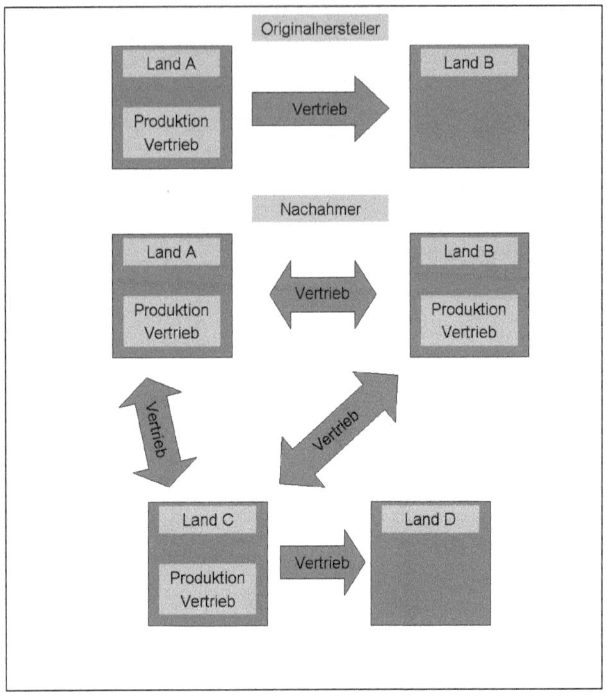


Abbildung 6: Möglichkeiten im Bereich Produktion und Vertrieb der Nachahmung im Bezug zum Originalprodukt
Quelle: Eigene Darstellung

Abschließend betrachtet hat ein Nachahmer im Bezug zum Original acht Möglichkeiten, Produktion und Vertrieb zu organisieren. Zu berücksichtigen ist bei diesem Modell, dass hier nur vereinfachte Formen dargestellt wurden. Eine Mischung z.B. aus den Kombinationen versetzter paralleler und paralleler internationaler oder nationaler Nachahmung ist ohne Weiteres denkbar und erhöht somit die Flexibilität der Organisation einer Nachahmung.

Das Auftreten der bisher aufgezeigten Möglichkeiten im Bereich Produktion und Vertrieb der Produktpiraterie im Bezug zum Originalprodukt hängt wiederum von verschiedenen Faktoren wie z.B. dem Motiv eines Nachahmers, Lohngefälle zwischen Ländern, Entwicklungsstand eines oder mehrerer Länder usw. ab.[104] Interessant ist auch, dass im Falle einer internationalen Organisationsform zwei Rechtssphären aufeinander stoßen können.

Neben den eben gezeigten Organisationsformen stellt sich die Frage nach den beteiligten Akteuren auf dem Feld der Produktpiraterie. Als Protagonisten treten hier zwangsläufig Originalhersteller, Kunden und Nachahmer auf. Weiter kann davon ausgegangen werden, dass der weitere Personenkreis davon abhängig gemacht werden kann, ob es sich um eine nationale oder um eine internationale Organisationsform handelt. Zu vermuten ist, dass eine national organisierte Nachahmung weniger Personengruppen betrifft als eine internationale Form. Während der Personenkreis einer nationalen Form im Modellfall einfach gestaltet werden kann[105], tauchen bei einem internationalen Rahmen Fragen auf, die sich ebenfalls einem Originalproduzenten stellen. Der Risikorahmen ist im internationalen Bereich höher einzustufen als im nationalen Bereich. Wer trägt solch ein gesteigertes Risiko?[106] Wer übernimmt Import- und Exportaufgaben? Kann dies einzig ein Nachahmerproduzent bewältigen? Im internationalen Rahmen stellt sich dazu die Frage, wer rechtlich belangt werden kann. Ist ausschließlich ein Nachahmerproduzent rechtlich belangbar oder ist zu überlegen, auch einen Importeur oder Exporteur zu belangen?[107] Wie ist es zu bewerten,

---

[104] Wieso beschließt ein Nachahmer international aktiv zu werden? Er kann dem gleichen Zwang zur Internationalisierung unterliegen wie ein Originalhersteller, z.B. heimischem Konkurrenzdruck. Vielleicht treibt die Aussicht auf enorme Profite? Wieso beschließt jemand, ein Unternehmen als Nachahmer zu beginnen?

[105] Das einfachste Modell wäre ein Direktvertrieb vom Nachahmer an den Kunden. Dazu passt die Geschichte vom Kauf aus dem Kofferraum auf einem Autobahnparkplatz, die jeder schon in irgendeiner Form gehört hat.

[106] Benutzt ein Nachahmer z.B. einen Letter of Credit?

[107] Erinnert sei hier folgende Konstellation: Bei international organisierter Nachahmung stellt sich weiter die Frage, ab wann ein illegales Handeln vorliegt und durch wen es begangen wurde. In einem Land, das keine Gesetze zum geistigen Eigentum hat oder – was dem gleichkommt – sie nicht durchsetzt, wird ein Nachahmer aktiv. Wie ist es zu bewerten, wenn er seine im Heimatland legale Tätigkeit inter-

wenn ein Nachahmer im Auftrag arbeitet? Welche Bedeutung spielt der Handel? Kann es im Interesse des Handels liegen, sich durch Nachahmungen weitere Bezugsquellen zu erschließen und womöglich eine Abhängigkeit von einem Originalhersteller zu lockern? Es gilt herauszufinden, welche Personen beteiligt sind und inwieweit sie strafrechtlich verfolgt werden sollten. Ebenso ist ein Vorgehen gegen Produktpiraterie davon abhängig, mit welcher der gezeigten Formen man es zu tun hat. Schließlich lassen sich aus der Art der Nachahmung womöglich Unterscheidungen hinsichtlich der Motive der Beteiligten Personen erklären.

### 4.2.2. Produktpiraterie als Teil der volkswirtschaftlichen Entwicklungsstrategie

Wie passen Produktpiraterie und volkswirtschaftliche Entwicklung zusammen? Der Zusammenhang von Produktpiraterie und volkswirtschaftlicher Entwicklung liegt in der Einstellung zur Produktpiraterie. Die in 4.2.1 aufgezeigten internationalen Formen der Produktpiraterie können aus der Sicht der beteiligten Länder betrachtet werden, so dass sich zwei Sichtweisen auf die Produktpiraterie ergeben. Zum einen ist dies der Blick aus dem Land des Originalherstellers, zum anderen aus dem Land des Nachahmers. Zur Vereinfachung wird von einem Originalland und einem Nachahmerland gesprochen.

Ausgehend von einem Originalland, in dem Bestimmungen zum Schutze geistigen Eigentums existieren und durchgesetzt werden, liegt in der Pro-

---

national ausweitet? Dabei ist es wahrscheinlich entscheidend, welche Stufe der Internationalisierung der Nachahmer wählt. Wählt er einen Vertrieb über einen Exporteur, so könnte dieser als Täter vermutet werden. Mag er nach den Regelungen seines Landes legal arbeiten, so gilt bei Erreichen der Ware im rechtlich geschützten Zielland die Illegalität. Eine weitere indirekte Vertriebsform wäre der Handelsvertreter. Die Belangbarkeit des Nachahmers im internationalen Verkehr nimmt von indirektem zu direktem Vertrieb zu.

duktpiraterie eine illegale Nachahmung von Wissen vor. Im Nachahmerland kann der Umgang mit Wissen aus entwicklungspolitischer Sicht anders geregelt sein, so dass eine Nachahmung nicht illegal ist.

Da Wissen ein ökonomisch relevantes Gut ist, stellt sich die Frage, inwieweit sich eine Reglementierung von Wissen durch geistiges Eigentum auf eine Wirtschaft auswirkt. Besondere Bedeutung gewinnt diese Frage, wenn in die Betrachtung nicht die "Ursprungsländer" des geistigen Eigentums, die heutigen Industrieländer der westlichen Hemisphäre, sondern die übrigen Länder rücken, die mit dem heutigen System des geistigen Eigentums aufgrund wirtschaftlicher Gegebenheiten konfrontiert sind. Denn in den westlichen Industrienationen konnten sich die heutigen Vorstellungen über das geistige Eigentum im Laufe der Zeit mit und innerhalb der wirtschaftlichen Systeme entwickeln und etablieren,[108] wohingegen Entwicklungsländer durch internationale Vereinbarungen diesen Vorstellungen ausgesetzt werden. Das derzeitige System des geistigen Eigentums kann als ein an die westliche Industrie angepasstes System, das zudem bei strikter Anwendung vorteilhaft für diese ist, betrachtet werden. Kann dieses derzeitige System auf eine weniger entwickelte Wirtschaft übertragen werden und einen positiven Effekt auslösen? Es stellt sich die Frage, ob dieses System zu eng geregelt ist und dadurch eine wirtschaftliche Entwicklung in diesen Ländern verhindert. Durch die Erfahrungen aus jahrelanger Entwicklungshilfe ist bekannt, wie sich das Übertragen von westlichen Wirtschaftsmodellen und Vorstellungen auswirken kann. Zahlreiche gescheiterte Projekte der Weltbank, die Modelle wie aus dem Lehrbuch auf Entwicklungsländer übertrug, können dafür als Beispiel angeführt werden. Bei einem simplen Übertragen der Vorstellungen vom geistigen Eigentum auf ein Entwicklungsland liegt die Vermutung nahe, dass dies zu einem ähnlichen Fehlschlag führen könnte, insbesondere unter Berücksichtigung der besonde-

[108] Dass dies keineswegs homogene Ergebnisse zwischen den Industrieländern hervorbrachte, wurde weiter oben bereits angesprochen.

ren Eigenschaften des Wissens und der wachsenden Bedeutung für die Wirtschaft. Ziel eines Entwicklungslandes ist das Aufschließen zu den Industrieländern.[109] Hierzu mangelt es einem Entwicklungsland häufig an Ressourcen und/oder den notwendigen Strukturen. Wissen ist in diesem Zusammenhang eine relativ einfach zu erwerbende Ressource. Aus dem Blickwinkel der Bildung durch Schulen und Universitäten und der notwendigen öffentlichen Forschung[110] kann Wissen als Teil der staatlichen Infrastruktur angesehen werden. Für das Bestehen eines Staates ist diese Infrastruktur zwingend notwendig. Sie bildet eine Grundlage für die weitere wirtschaftliche Entwicklung. Eine solche Entwicklung kann durch geistige Eigentumsrechte in der Weise gestört werden, dass z.B. Urheberrechte die Vervielfältigung von Büchern in diesen Ländern verhindern. Aufgrund des bereits angesprochenen Mangels an Ressourcen ist ein Entwicklungsland nicht in der Lage, wettbewerbsfähige Produkte zu entwickeln. Einen Vorteil kann es häufig nur aus seiner im Vergleich zu Industrieländern günstigeren Arbeitskraft ziehen. Einer rudimentären Industrie in einem Entwicklungsland bleibt aufgrund mangelnder eigener Forschungskraft der Ausweg der Nachahmung. Die Kombination aus Nachahmung und günstiger Arbeitskraft bringt ein wettbewerbsfähiges Produkt hervor.

Da geistiges Eigentum mit dem Hintergrund des Wissens eine Ressource darstellt, kann es auch hinsichtlich der Verteilung ähnlich betrachtet werden wie z.B. Öl. Obwohl Wissen an sich in unserer Vorstellung frei ist und weltweit greifbar sein sollte, ist es als Ressource geistiges Eigentum vorwiegend in den Industrieländern gebunden.[111] Daraus entsteht für die

---

[109] Dieses Ziel setzt voraus, dass ein Aufschließen zum Industrieland überhaupt noch möglich ist.

[110] Die Bedeutung der öffentlichen Forschung und Forschungsgelder sind in den Industrieländern unumstritten. Das Bundesforschungsministerium fördert mithilfe öffentlicher Gelder verschiedene Projekte. Dabei fließen ebenso Gelder in private Unternehmensinnovationen.

[111] Ähnlich den Ölvorkommen in den verschiedenen Regionen.

Entwicklungsländer ein Ungleichgewicht, das uneinholbar erscheint. Diese Situation ist vielleicht vergleichbar mit der Zeit, in der in Europa nur die Eliten Bildung genießen durften und konnten. Erst mit dem Fall dieses Bildungsmonopols und dem Übergang des Wissens in ein Allgemeingut konnte sich die Wirtschaft weiter entwickeln. Einem Entwicklungsland muss diese Chance ebenfalls gegeben werden. Der Staat, der dieses Dilemma erkennt, wird versuchen, Wissen als Allgemeingut zu verstehen und es vorerst nicht zu privatisieren. Im Interesse eines solchen Entwicklungslandes sollte es dann liegen, internationale Regelungen vorerst zur Sicherung der eigenen Entwicklung zu missachten.

Das Entwicklungsland China hat das Problem des geistigen Eigentums aus seiner Sicht bisher elegant lösen können. Zum einen besitzt China eine enorme Attraktivität für westliche Unternehmer.[112] Aus dieser Anziehungskraft heraus konnte es eine Regelung schaffen, welche den direkten Zugang zur Ressource Wissen erlaubt. Westlichen Unternehmen war es lange Zeit nur innerhalb eines chinesischen Joint-Ventures erlaubt, in China tätig zu werden. Der zweite Schritt war dann, das erworbene Wissen in eigenes umzuwandeln und mit der Nachahmung in eigener Produktion zu beginnen.

---

[112] Diese Anziehungskraft besteht, obwohl auch schwerwiegende Faktoren gegen ein Engagement in China sprechen, wie zum Beispiel die Tatsache, dass es sich bei der chinesischen Staatsform nicht um eine demokratische handelt. Vielmehr hängt China noch einer in früheren Zeiten fast als das Gegenteil der Demokratie empfundenen Staatsform, dem Kommunismus, an. Dabei ist China kein Transformationsland, welches sich auf dem freiwilligen Wege zu einer anderen Staatsform hinbewegt. Allein die chinesische Staatsform lässt grundsätzliche Schwierigkeiten für ein wirtschaftliches Handeln in China erwarten. Mag dies durch Freihandelszonen zunächst abgemildert erscheinen, so ist doch davon auszugehen, dass wesentliche Vorstellungen über Marktwirtschaft von einem System der Planwirtschaft nicht erbracht werden können, so dass Reibungen zu erwarten sind. Gleichzeitig bringt eine kommunistische Staatsform ein anderes Verständnis von Eigentum mit sich. Gegenüber privatem Eigentum hat Volkseigentum einen viel höheren Stellenwert. Auch dies mag zunächst durch Freihandelszonen kaschiert werden können. Auffällig wird ein Missverhältnis jedoch, wenn es um das Begriffsverständnis für geistiges Eigentum geht.

Natürlich wurden und werden dabei internationale Regelungen und Vereinbarungen verletzt. Der Nutzen für die eigene Wirtschaft ist dabei für China jedoch aktuell größer als der Schaden im internationalen Ansehen. Ob und inwieweit ein volles Durchsetzen der geistigen Eigentumsrechte die chinesische Wirtschaft abbremsen würde, bleibt dabei offen.

Als Entwicklungsstrategie lässt sich dabei feststellen, dass für ein Schwellenland beim Übergang zur Industrienation der erste Schritt der Wissenserwerb von außerhalb, d.h. von anderen Industrieländern, ist. Lange Zeit wurde der japanischen Wirtschaft vorgeworfen, westliche Produkte im Verfahren des Reverse Engineering zu kopieren.[113] Auf der Basis dieses Wissens wird dann im nächsten Schritt mit der Nachahmung begonnen, häufig zu Produktionskosten, die im Vergleich zum Weltmarkt günstig sind. Die daraus resultierenden Produkte mögen in der Anfangsphase qualitative Schwächen aufweisen, jedoch ist zu erwarten, dass sie, wie in anderen Bereichen der Wirtschaft üblich, mit wachsender Erfahrung verbessert werden.[114]

Aus Sicht von Entwicklungs- und Schwellenländern muss an dieser Stelle angemerkt werden, dass sich das westliche Patentsystem mit und innerhalb der westlichen Wirtschaft auf den heutigen Stand entwickelt hat. Es wäre fair, eine solche Entwicklung auch einem Entwicklungsland zuzugestehen und es nicht dazu zu drängen, ein unpassendes Korsett aus einem komplexen System des geistigen Eigentums anzunehmen. Solch ein Vorgehen verhindert Entwicklung. Aus Sicht der Industrieländer bzw. der Unternehmen ist dieser Zustand jedoch nicht zwangsläufig unerwünscht. Er bietet den Unternehmen zumindest die Möglichkeit, ältere Schutzrechte in Form von Produkten auf diesen "neuen" Märkten erneut zu verkaufen und somit den Produktlebenszyklus zu verlängern. Da die Entwicklung der In-

113 Vgl. Möller, Kaum verschont.

114 Diese Entwicklung kann jedoch nur unter der Voraussetzung stattfinden, dass sich die Märkte der Industrieländer nicht verschließen.

dustrie in diesen Ländern jedoch – unter anderem durch die Patentregelungen – gehemmt ist und Arbeitsplätze und damit einhergehend Einkommen begrenzt sind, fehlt es unter Umständen an potentiellen Käufern. Also eröffnet das westliche Unternehmen eine günstige Produktionsstätte,[115] schafft erste Einkommen und hofft auf Multiplikatoreffekte und Mitbewerber, die mit in das Land gezogen werden.[116] Außerdem lässt sich das dort produzierte Produkt womöglich auch in die Nachbarländer des Entwicklungslandes verkaufen. Dadurch, dass es aber immer noch verhältnismäßig wenig hohe Einkommen gibt, können sich immer noch nur wenige dieses "westliche" Produkt leisten, obwohl eine hohe Nachfrage nach dem Produkt besteht.[117] Aus dieser Diskrepanz von hoher Nachfrage und niedrigsten Einkommen entstehen Anreize zur Nachahmung. Diese Nachahmung bringt eine Regierung in einem Entwicklungsland in eine schwierige Situation. Auf der einen Seite verlangen ausländische Investoren, ihr Wissen zu schützen, auf der anderen Seite steht der Beginn einer kleinen eigenen Industrie. Sofern diese nicht für illegal erklärt wird, besteht die Möglichkeit auf weitere Arbeitsplätze und Einahmen für den Staat aus unternehmerischer Tätigkeit. Gleichzeitig verlieren aber die ausländischen Investoren das Vertrauen in diese Regierung und drohen, ihr Kapital abzuziehen. Erklärt man diese Nachahmer für illegal, wird diese erste Industrie zu einer Schattenwirtschaft der nationalen Produktpiraterie, von der weder Staat noch Gesellschaft noch die Investoren profitieren. Kurzfristig sind die Investoren zufrieden gestellt, jedoch beginnen die Nachahmer in der Schattenwirtschaft zu gedeihen, und häufig fehlt es dem Staat an Mitteln, gegen sie vorzugehen. Eigene, nicht nachgeahmte Produkte haben auf dem Markt

---

115 Häufig vom Staat bezuschusst oder steuerlich vergünstigt, da es im Interesse des Staates liegt, dass Arbeitsplätze geschaffen werden.

116 Man hofft auf eine Art Perpetuum Mobile, eine sich selbst erschaffende Käuferschaft.

117 Häufig erscheinen westliche Produkte auch als besonders begehrenswert, da der Westen zum einen eine gewisse "Vorbildfunktion" übernimmt und zum anderen westliche Produkte oft einen höheren Innovationsgrad haben.

gegen die "westlichen" weniger Chancen, so dass ein Unternehmertum in dieser Richtung gehemmt wird und keine Innovation der eigenen Produkte stattfindet. Diese Produkte stagnieren in ihrer Innovationsentwicklung, da westliche Produkte die "Messlatte" an Qualität, Benutzerfreundlichkeit usw. sehr hoch legen.

Als ein weiteres Szenario wäre auch das folgende vorstellbar. Ein Entwicklungsland, das Produktpiraterie zulässt, profitiert, wie im vorherigen Szenario beschrieben, von einer nationalen Form der Nachahmung.[118] Nachahmungen internationaler Produkte werden im Entwicklungsland im Rahmen einer geschlossenen Volkswirtschaft hergestellt und vertrieben. Ausgehend von der erfolgreichen Entwicklung dieses Nachahmermarktes entsteht ein Wachstumspotential für die Wirtschaft des Landes. Gleichzeitig greift der Wettbewerb des Marktes. Dadurch werden Effekte wie z.B. eine Ausnutzung von Erfahrungskurven, Produktweiterentwicklung usw. innerhalb von Nachahmerunternehmen ausgelöst. Entwickelt sich aus dieser Konstellation eines langsam wachsenden Marktes aufgrund von Nachahmungen eine stärker werdende Wirtschaft, so entstehen für dieses Land zwei Möglichkeiten zum Umgang mit geistigem Eigentum. Zum einen öffnet es den Blickwinkel weg von einer geschlossenen hin zu einer offenen Volkswirtschaft und erkennt die Anliegen ausländischer Investoren im Umgang mit geistigem Eigentum langsam an. Zum anderen kann dieser Nachahmungsmarkt der Wirtschaft eine erste Stabilität verleihen, die eine Grundlage für späteres Wachstum sein kann und eine Abkehr von Nachahmungen mit sich führt. Der Gedanke dabei ist, dass ein Land, das sich im internationalen Rahmen in der Entwicklung im Rückstand befindet, über den Weg der Nachahmung diesen Rückstand verkleinert oder sogar in bestimmten Be-

[118] Dieses Zulassen von Nachahmung kann auf verschiedene Weise umgesetzt werden. Eine Regierung kann das System des geistigen Eigentums ablehnen und keine Gesetze hierfür entwickeln. Anders kann sie auch Nachahmung per Gesetz explizit erlauben. Oder sie setzt bestehende Gesetze zum Schutz geistigen Eigentums nicht durch bzw. ist nicht in der Lage, diese durchzusetzen.

reichen aufholt. Sollten nachgeahmte Produkte innerhalb der eigenen Bevölkerung dem Original in der Akzeptanz näher kommen, erreichen sie eine Stärkung der heimischen Produktion.[119] Die angesprochene steigende Akzeptanz entsteht aus der steigenden Qualität, die sich aufgrund des Wettbewerbes entwickelt. Häufig sind internationale Produkte preislich höher eingeordnet als Produkte aus heimischer Produktion, was sich zum Teil auf die Kosten für Arbeit zurückführen lässt. Aus diesem Grund braucht ein Nachahmer die preisliche Komponente des Wettbewerbes nicht in dem Maße zu fürchten wie die qualitative. Eine wachsende Akzeptanz der eigenen Produkte bei gleichzeitiger Stärkung der eigenen Wirtschaft könnte zu mehr Vertrauen in die eigenen Stärken führen. Dieses Vertrauen und ein gewisser Stolz aus der Tatsache, Produkte von gleicher oder ebenbürtiger Qualität wie die Industrienationen fertigen zu können, könnten zu eigenständigen Versuchen der Produktentwicklung führen. Nachahmerproduzenten könnten sich zu "normalen" Produzenten entwickeln und aufgrund ihrer Kenntnisse über die Bedürfnisse ihres heimischen Marktes womöglich besser agieren als internationale Vertreter. Bedenkt man, dass internationale Produkte auch einen gewissen kulturellen Einfluss ausüben, so kann vielleicht von einer Rückbesinnung auf die eigene Kultur gesprochen werden.

Ebenso nachteilig wirkt sich die Anwendung geistiger Schutzrechte für Entwicklungsländer aus, betrachtet man sie im Zusammenhang mit dem komparativen Kostenvorteil. Nimmt man der Einfachheit halber an, dass ein Entwicklungsland seinen komparativen Kostenvorteil in der Landwirtschaft hat, so produziert es dort kostengünstiger als ein Industrieland. Für den reinen physischen Warenverkehr mag das durchaus plausibel sein.

---

[119] Den Effekt, dass ausländische Produkte den einheimischen vorgezogen und als besser betrachtet werden, konnte ich während meines Aufenthaltes in Kairo immer wieder feststellen. Da diese ausländischen Produkte preislich für einen Großteil der Bevölkerung unerreichbar waren, erhielten aus hiesiger Sicht banale Produkte oder Einrichtungen wie McDonalds einen luxuriösen Charakter.

Fügt man aber die Komponenten Wissen und geistiges Eigentum in dieses Modell ein, so kann ein Mangel an Wissen in dem Entwicklungsland festgestellt werden. Dieses Wissen steht einem Industrieland zur Verfügung, und es weitet den Schutz darauf stetig aus. In der Folge wird Wissen, das für die Landwirtschaft relevant ist, durch die Vorstellungen des geistigen Eigentums der Industrieländer geschützt. Hierdurch verliert ein Entwicklungsland seinen einzigen Vorteil im globalen Wettbewerb. Gleichzeitig wird die Entwicklung eigener landwirtschaftlicher Lösungen gehemmt.

Ein einheitliches Modell zu entwickeln, das die Auswirkungen von geistigen Schutzrechten auf eine Volkswirtschaft aufzeigt, birgt das Risiko mangelnder Aussagekraft. Der Grund hierfür liegt in der Vielzahl von anderen Faktoren, die sich ebenfalls auf die Entwicklung einer Volkswirtschaft auswirken. Wäre es möglich, diese Faktoren nachvollziehbar zu gewichten, könnte ein Modell erstellt werden. Es ist unbekannt, wie der Umgang mit Wissen sich im Verhältnis zu den anderen Faktoren auf eine Volkswirtschaft auswirkt. Eine isolierte Betrachtung des Umgangs mit Wissen einer Volkswirtschaft erscheint unter diesem Aspekt wenig sinnvoll, wenn man kein konkretes Land betrachtet.[120] Daher kann kein einheitliches Modell, das ei-

[120] Möglicherweise kann hier ein Vergleich zu den Naturwissenschaften gezogen werden. Es ist bekannt, dass in der Naturwissenschaft Modelle verwendet werden, z.B. in der Luftfahrt, Seefahrt usw. Dennoch können diese Modelle nur begrenzte Aussagen (manchmal auch keine) über die Wirklichkeit machen. Dies liegt am angelegten Maßstab. Wird dieser zu klein angelegt, verliert das Modell seine Aussagekraft. Wird er zu groß angelegt, macht womöglich ein Modell keinen Sinn mehr. In den Wirtschaftswissenschaften muss für die Modellentwicklung ein aussagekräftiger Maßstab gefunden werden. Dies ist für die Wirtschaftswissenschaften ungleich schwieriger als für die Naturwissenschaften. Naturwissenschaftler kennen eindeutige Messinstrumente, die einen eindeutigen Wert mit einer eindeutigen Aussage verknüpfen. Steigt beispielsweise ein Thermometer, so bedeutet dies, dass der gemessene Gegenstand wärmer wird. Wirtschaftswissenschaftler können solch eine eindeutige Aussage kaum treffen. Das Bruttosozialprodukt, das vor dem Human Development Index als Gradmesser für arme und reiche Länder galt, kann durch Ansteigen nicht anzeigen, dass die gesamte Bevölkerung reicher wird. Eben-

nen Umgang mit geistigem Eigentum regelt, für alle Länder entworfen werden. Aufgrund anderer Faktoren wird es nötig sein, den Umgang mit Wissen in jedem Land einzeln zu analysieren. Dennoch wirkt sich eine Anwendung von geistigen Schutzrechten auf die Entwicklung eines Landes aus.

### 4.2.3. Käuferverhalten

Eine Vielzahl von Literatur beschäftigt sich mit dem Thema des geistigen Eigentums und seinen Schutzrechten. Ein einseitiger Schwerpunkt liegt hier in der juristischen Beschäftigung mit der Thematik. Die kaufmännische Auseinandersetzung beschränkt sich auf die Anwendung und Einplanung von Rechtsvorschriften für eine unternehmerische Tätigkeit.[121] Dabei wird eine tiefere Betrachtung der Ursache von Schutzrechtsverstößen oder möglichen Schwächen des Systems vermisst. Ein Zusammenhang zwischen dem Wissen mit seinen charakteristischen Eigenschaften und den Problematiken bei der Konstruktion geistiger Schutzrechte wird kaum hergestellt. Als Lösung für den Umgang mit Wissen wird daher nur die Reglementierung gesehen. Bei Verstößen werden Produzenten als Opfer und Nachahmer als Täter ausgemacht.

Dabei wird ein wichtiger wirtschaftlicher Akteur ausgeblendet. Der Kunde gerät aus dem Fokus der Betrachtung.[122] Ein Markt wird auf seine Ange-

---

so verlieren Modelle, welche zu viele Annahmen berücksichtigen, ihre Aussagekraft gegenüber der Wirklichkeit.

121 Z.B. in der Form des Marketing-Rechts-Management, einer Verquickung von Marketing und den durch das Recht vorgegebenen Regelungen (Spielregeln), wie zum Beispiel der Einarbeitung gesetzlicher Fristen (z.B. Fristen für geistige Schutzrechte) in einen Marketinggesamtplan. Siehe hierzu auch: Schröder u.a., Marketing-Rechts-Management, S. 2423.

122 Aus der Tatsache, dass Fälschungen auch z.B. im Bereich der Flugzeugtechnik (hierzu: Harte-Bavendamm, Marken- und Produktpiraterie, S. 2551) vorkommen, lässt sich schließen, dass der Kundenkreis für Nachahmungen sowohl im Konsum- als auch im Investitionsgütersegment liegt.

botsseite, die Seite von Produzent und Nachahmer, beschränkt. Die Akteure der Nachfrage bleiben in der Beobachtung unberücksichtigt, ihre Rolle als (Mit-)Täter oder (Mit-)Opfer unbeantwortet. Obwohl die Erforschung des Kundenverhaltens immer weiter voranschreitet und schon jetzt mit großem Aufwand betrieben wird, fehlen auf Fragen nach dem Grund des Erwerbes von erkennbaren Nachahmungen die Antworten. Daher wird über Motive des Kunden in dieser Hinsicht nur spekuliert.[123] Mögliche Kaufmotive für Nachahmungen sind entweder Naivität oder Absicht, vielleicht sogar eine Mischung aus beidem.[124] Hinweise auf Nachahmungen durch extrem günstige Preise, schlechte Qualität, offensichtliche Schreibfehler, unübliche Verkaufslokalität oder starken zeitlichen Druck beim Kauf werden vom Kunden nicht wahrgenommen oder bewusst außer Acht gelassen.[125] Der Kunde ist hier ein unbekanntes Wesen, das vermutlich aus sozialpsychologischen Gründen wie beispielsweise Statussymbol-Denken Teile der Realität von Nachahmung und Original nicht wahrnimmt oder in Form eines Selbstbetruges ausblendet. Durch Spillover-Effekte in der Kundenansprache können Kundengruppen erreicht werden, die nicht in der Lage sind, das generierte Angebot anzunehmen.[126] Es entsteht eine situationsbedingte Angebotslücke, die durch Nachahmungen gedeckt werden kann.

---

[123] Während man gleichzeitig genaueste Details darüber weiß, auf welche Weise Kunden durch einen Supermarkt gehen, und wo ihre Blicke am häufigsten hinfallen.

[124] Das Problem liegt in der Kriminalisierung des Kunden bei unterstellter Absicht. Der Effekt lässt sich vergleichen mit einem Verkäufer, der jeden Kunden wie einen Kriminellen bedient. Dies kann wahrscheinlich nur bei extrem nachfrageunelastischen Gütern auf einem Markt mit sehr wenigen Anbietern funktionieren.

[125] Andererseits gibt es Nachahmungen von solcher Qualität, dass selbst Spezialisten nur mit Mühe in der Lage sind, diese zu erkennen.

[126] Konkret bedeutet das, dass durch die Werbung auch bei den Kunden, die sich die teuren Originalprodukte nicht leisten können, ein Verlangen geweckt wird. In der Konsequenz weichen diese auf Nachahmungen aus.

Weiter lässt sich über ein Preis-Leistungs-Denken des Kunden spekulieren. Die Nachahmung wird vom Kunden eingeschätzt. Eine sehr hohe Qualität der Nachahmung bei gleichzeitiger hoher Ähnlichkeit mit dem Original spielt dabei eine Rolle. Hinzu kommt der Glaube des Kunden an etwaige Hintergrundinformationen. Er weiß oder glaubt zu wissen, dass Original und Nachahmung z.B. im selben Land hergestellt werden, und gibt der Nachahmung daher eine Art Substitutionsstatus gegenüber dem Original.[127] Eine weitere Hintergrundinformation könnte sein, dass der Kunde "globaler" denkt, als es den Unternehmen bewusst ist. Dabei stellt er fest, dass die Globalisierung eine Vielzahl von Unternehmen bewegt hat, ihre Produktion in ein für sie günstigeres Land – ins Ausland – zu verlegen. Gleichzeitig bauen Unternehmen damit ungewollt Kundenvertrauen in das ausgelagerte Produktionsland auf.[128] Diese Vorstellung braucht nicht wissenschaftlich belegt zu sein, allein das Gefühl reicht dem Kunden hier. Die Produktionsverlagerung und der damit verbundene Verlust von Arbeitsplätzen im Absatzland können bei den Kunden einen Vertrauensverlust in das Unternehmen verursachen. Das Unternehmensbild schlägt in der Wahrnehmung der Kunden von einem sozial verantwortungsbewussten Unternehmen in das Bild eines arbeitsplatzverlagernden unsozialen Unter-

[127] Ähnlich ist es bei Produkten der Discounter, die hinter Meta-Marken bekannte Markenartikel verbergen. Viele Markenartikler produzieren in den Ländern, in denen sie nachgeahmt werden (z.B. China). Damit haben die Markenartikler dem Kunden gezeigt, dass in China auch Qualität hergestellt werden kann. Im nächsten Schritt beginnt der Kunde mit der Suche nach Substituten für das Original.

[128] Ein Stichwort ist hier der Satz "Ist eh alles aus China". In einer globalisierten arbeitsteiligen Welt verschwindet ein "Made in" als Qualitätsmerkmal für den Kunden. Wenn große Markenartikler ihre Produktion nach z.B. Asien auslagern, fällt für den Kunden ein Unterscheidungsmerkmal dieser Marken zu anderen Herstellern, die bereits länger in Asien produzieren, weg.

nehmens um. Dieser Eindruck kann den Kunden bewegen, sich gegen den Kauf von Originalen zu entscheiden.[129]

Ein anderer Ansatz ist, dass die Kunden eine aus ihrer Sicht fehlerhafte Preisentwicklung korrigieren. Aus den Überlegungen zu Preiselastizitäten ist bekannt, dass – sofern vorhanden – Kunden ab einem bestimmten Punkt auf Substitute ausweichen. Ein solches Substitut kann für die Kunden in einer Nachahmung liegen. Ein Unternehmen, das sich nur auf die Illegalität der Nachahmung konzentriert, verliert den Wettbewerb am Markt aus den Augen. Eine Kundenentscheidung, die über den Preis zugunsten einer Nachahmung gefällt wurde, kann nicht durch eine juristische Auseinandersetzung zugunsten des Originals aufgelöst werden.

Womöglich leitet sich hier eine zukünftige Aufgabe für die Marktforschung ab. Derzeit werden Kunden auf verschiedenste Weise in Gruppen eingeteilt und bewertet. Man versucht ihr Kaufverhalten aufgrund von Wertevorstellungen, Lebensstilen, unterschiedlichen Bedürfnissen wie Selbstentfaltung, Harmonie, Materialismus usw. zu analysieren Dies alles geschieht aber mit Blick auf ein bestehendes Originalprodukt bzw. eine eventuelle Neueinführung. Produkte werden so gut es geht auf Kundengruppen maßgeschneidert. An dieser Stelle könnten durch Marktforschung neue Erkenntnisse zum Verhältnis zwischen Kunden und Nachahmung gewonnen werden. Ein Kunde könnte sowohl als offene als auch als geschlossene Frage beantworten, unter welchen Umständen er sich den Kauf einer Nachahmung eines von ihm favorisierten Produktes vorstellen könnte.[130] Möglich wären auch Fragen in Richtung Kundenzufriedenheit mit einer Nach-

[129] Der Begriff "Kunde" beschränkt sich nicht nur auf die Rolle des Kaufenden, vielmehr steht dahinter eine Person, die verschiedene soziale Rollen in sich vereint. Vorstellungen, Ängste, Träume usw. aus diesen Rollen spiegeln sich auch in der Rolle des Kunden wider.

[130] Dies setzt natürlich voraus, dass ein Kunde eine Nachahmung zu irgendeinem Zeitpunkt als solche erkannt hat.

ahmung. Hilfreich zur Aufklärung der Herkunft von Nachahmungen könnte die Frage nach dem Ort des Erwerbs sein.

### 4.2.4. Marktspezifische Schutzstrategien

Die Umsetzung der Formen des geistigen Eigentums auf ein Produkt stellt die juristische Seite des Schutzes vor geistiger Nachahmung dar.[131] Die Anwendung besteht – kurz dargestellt – aus den Möglichkeiten der Anmeldung von Wissen und der juristischen Verteidigung von Wissen gegen eine Produktnachahmung. Losgelöst vom juristischen Verstoß durch eine Nachahmung bleibt der wirtschaftliche Aspekt. Dieser drückt sich in einem neuen Wettbewerber auf dem Markt aus. Aus dieser Tatsache erwächst die Möglichkeit einer weiteren Betrachtungsebene, die des Marktwettbewerbs. Diese Wettbewerbsperspektive stellt die marktspezifische Seite des Schutzes von Wissen vor geistiger Nachahmung dar. Daher sollen hier die marktspezifischen Schutzstrategien erläutert werden.

Im ersten Schritt ist der Nachahmer bzw. sein Produkt zu analysieren. Hierbei spielt die Einschätzung der Stärken und Schwächen des Nachahmers allein bzw. der Nachahmung gegenüber dem Original eine Rolle. In gewisser Weise kann eine Nachahmung bzw. ein Nachahmer als Zweite(r) im Markt betrachtet werden.[132] Daraus ergeben sich dann die für diese Position typischen Vor- und Nachteile, wie z.B. das geringere Risiko bei Markteintritt oder dass Pioniergewinne bereits vom Ersten abgeschöpft wurden usw. Hinzu kommen für einen Nachahmer Besonderheiten wie

131 Die Formen des geistigen Eigentums wie z.B. Urheberrecht oder Patent wurden bereits in Abschnitt 3.3. dargestellt.

132 Das ist abhängig von der Definition des Marktes. Definiert man einen Markt nur eng genug, so werden alle weiteren Produkte, die diesen Markt betreten, wahrscheinlich zwangsläufig zu einer Nachahmung. Ein Nachahmer wird außerdem zum Zweiten im Markt, da er alle Mitbewerber eines Originalproduzenten dadurch überholt, dass er direkt das Original kopiert.

beispielsweise die geringen oder nicht vorhandenen Ausgaben für Forschung und Entwicklung.[133] Im internationalen Rahmen kann ein Nachahmer unter Umständen von geringeren Lohnkosten seines Heimatlandes profitieren.[134] Als besondere Schwäche des Nachahmers ist zum einen die Illegalität seines Handelns zu nennen, soweit entsprechende gesetzliche Regelungen überhaupt vorhanden sind. Weiter kann vermutet werden, dass er als Neuling auf dem Markt über wenig bis keine Erfahrung verfügt.[135] Ein reiner Nachahmer dürfte sich als wenig innovativ erweisen. Es gilt also zu prüfen, inwieweit die eben skizzierten Stärken und Schwächen auf den eigenen Nachahmer zutreffen.

In einem zweiten Schritt kann nach der Analyse der Stärken und Schwächen des Nachahmers nach marktspezifischen Schutzstrategien gesucht werden. Da die Stärken eines Wettbewerbers am schwierigsten zu überwinden sind, kann hier nur mit viel Aufwand gegengesteuert werden. Der

---

[133] Dies ist allerdings nicht für jeden Nachahmer zutreffend. Häufig wird angenommen, die F&E-Kosten eines Nachahmers seien gleich null, da der Nachahmer nur kopiert. Bedenkt man aber, dass Kopieren – also das Aneignen fremden Wissens – je nach Komplexität eines Originals einen gewissen Aufwand mit sich bringt, so fallen doch gewisse F&E-Kosten an. Im besonderen Fall des Reverse Engineering, das die Erstellung eins Bauplans zum Zwecke des Nachbaus ohne Original zum Ziele hat, kann man wahrscheinlich von hohen F&E-Kosten ausgehen.

[134] Hier wäre eine Überlegung, inwieweit geringere Lohnkosten von den Rohstoffpreisen auf dem Weltmarkt neutralisiert werden. Dies scheint unter dem Aspekt, dass Originalhersteller und Nachahmer für ihre Rohstoffe den relativ gleichen Preis zahlen müssten, absurd. Behält man aber ein Entwicklungsland gedanklich im Hinterkopf, so zwingt sich die Frage auf: Bezahlen Originalhersteller und Nachahmer mit dem gleichen Geld? Wie stark ist die Währung des Nachahmers? Wie teuer sind für ihn die Rohstoffe zu Weltmarktpreisen? Am Ende muss er womöglich auf qualitativ minderwertige Ressourcen zurückgreifen. Insofern könnte es sein, dass durch eine Währungsschwäche der Vorteil geringerer Lohnkosten wieder aufgehoben wird.

[135] Vielleicht hat er Erfahrung als Nachahmer und weiß daher, was zu tun ist, um Nachahmungen zu verkaufen. Aber er kann nicht über das Wissen über die Originalzielgruppe, den Originalmarkt, den Originalvertrieb usw. verfügen. Es ist allerdings nicht auszuschließen, dass er hier dazu lernt.

größte Vorteil des Nachahmers, das Kopieren, kann nicht verhindert werden. Dies ergibt sich aus den in Punkt 2 dargestellten Eigenschaften des Wissens. Andere von Wissen auszuschließen, ist nur über Geheimhaltung möglich. Dieses ist für Produkte kaum mehr möglich, je weiter der Verkaufsradius ist.[136] Eine andere Option ist, den Zugang zu Wissen zu erschweren, um dadurch die Kosten für einen Nachbau zu erhöhen. Dies kann über steigende Komplexität eines Produktes oder eine Form von Verschlüsselung erreicht werden.[137] In der Folge entstünden durch gestiegenen Aufwand jedoch Kosten, die das Original verteuern und den preislichen Abstand zugunsten einer Nachahmung weiter vergrößern. Die nächste Stärke des Nachahmers, die einer möglichen günstigeren Produktion, kann – wie im Wettbewerb mit "normalen" Mitbewerbern – wahrscheinlich effektiv nur durch Kosteneinsparungen auf Seiten des Originalproduzenten überwunden werden. Eine andere Möglichkeit bietet hier die Aufklärung der Öffentlichkeit über die Art und Weise der "günstigen" Produktionsmethoden eines Nachahmers. Die öffentliche Wahrnehmung wird auf die Arbeitsbedingungen, unter denen Nachahmungen entstehen können, z.B. Kinderarbeit jenseits der Menschenrechte, Ausbeutung, ökologische Bedenklichkeit usw., gelenkt. Ein Kunde kann aufgrund solcher Informationen seine Kaufentscheidung von moralischen Prinzipien beeinflussen lassen und sich gegebenenfalls für das Original entscheiden. Dies kann nur funktionieren, wenn sich Originalhersteller und Nachahmer in diesem Punkt klar trennen lassen. Ein Originalhersteller, der nur unter dem ge-

---

136 Während für Produkte mit kleinen Stückzahlen (militärische oder industrielle Produkte) womöglich Verschwiegenheit bei den Käufern vereinbart werden kann, so wird dies bei steigenden Stückzahlen zunehmend schwieriger.

137 Vgl. Kloepfer u.a., Interview. Komplexität und/oder Verschlüsselung beziehen sich hier nicht auf die Bedienung eines Produktes, sondern auf dessen "innerer" Konstruktion.

ringsten Verdacht ähnlicher Arbeitsmethoden steht, wirkt andernfalls unglaubwürdig.[138]

Wendet man sich den Schwächen des Nachahmers zu, so sollten diese im Vergleich zu den Stärken einfacher zu überwinden sein. Zur Vollständigkeit sollen hier, trotz der ansonsten marktspezifischen Betrachtung, die juristischen Maßnahmen kurz in die Analyse eingeordnet werden. Dabei steht die Illegalität als größte Schwäche des Nachahmers im Vordergrund. Handelt es sich um eine eindeutig als illegal einzuordnende Handlung, so sollte der Nachahmer gerichtlich belangt werden können. Zu bedenken ist jedoch die bereits angesprochene Ambivalenz geistiger Schutzrechte bei weniger eindeutigen Fällen.[139] Zur besseren Ausnutzung der Illegalität des Nachahmers kann ein Unternehmen die Strafverfolgungsbehörden z.B. durch Schulungen über die eigenen Produkteigenschaften unterstützen.[140] Wird mangelnde Erfahrung eines Nachahmers angenommen, stellt sich die Fra-

---

[138] Und leider geraten häufig genug gerade die Originalhersteller im Zusammenhang mit menschenunwürdigen Produktionsbedingungen in die Schlagzeilen. Ein Beispiel ist der Sportartikelhersteller Nike. Diesem wird seit 2006 immer wieder Kinderarbeit durch die Presse oder andere Einrichtungen vorgeworfen. Solch ein Vorwurf wirkt in den Köpfen der Konsumenten nach und bringt eine ganze Branche in Verruf. Durch solche Vorwürfe steht wahrscheinlich jeder, der im Ausland produziert, also fern der öffentlichen Wahrnehmung, in einem latenten Verdacht der Ausbeutung, besonders wenn die Öffentlichkeit sich ein allgemeines Bild über die Arbeitsvorstellungen im Ausland gebildet hat. Zudem bekommt es den Anschein einer Doppelmoral, wenn von westlichen Produzenten auf die jeweiligen gesetzlichen Regelungen der Produktionsländer verwiesen wird. Mag so eine Episode vielleicht vergessen sein, so kann man davon ausgehen, dass bei Beschuldigungen gegen Nachahmer die Erinnerung wiederkehrt. Vgl. Koch, Menschen.

[139] Siehe hier die Schwächen des geistigen Eigentums in Abschnitt 3.3.

[140] Auf eine Anfrage beim Zoll erhielt der Autor folgende Auskunft über die Möglichkeiten der Erkennung von Plagiaten durch die Zollbeamten: "Dies ist grundsätzlich nur mithilfe spezifischer Informationen von Seiten der Rechtsinhaber zu bewerkstelligen. In diesem Zusammenhang werden auch die Beamten bei Schulungsmaßnahmen durch Experten verschiedener Rechtsinhaber trainiert." Vgl. Häring, Auskunft.

ge, wie man die bessere Kenntnis über Kunden, Markt, Produktion, Vertrieb usw. nutzen kann. In diesen Bereichen sollte ein Originalhersteller einen Vorsprung gegenüber einem Neuling haben. So kann z.B. versucht werden, die Kenntnis über Kunden in eine bessere Kundenbindung umzumünzen.[141] Das kann über eine Änderung der Kundenansprache hin zur Herausstellung und Information über eigene Besonderheiten und Kaufmöglichkeiten erfolgen. Ebenso könnte ein Originalhersteller versuchen, Kunden auf eventuell ökologisch bedenkliche Produktionsweisen oder giftige Produktstoffe eines Nachahmers hinzuweisen.[142] In der Produktion kann die Fertigungstiefe in einigen Bereichen verstärkt werden, so dass weniger sensibles Wissen aus dem Unternehmen gelangt. Wenn die Ressourcenausstattung des eigenen Unternehmens es erlaubt, wäre unter Umständen eine kurzfristige Aktion oder ein Angebot an die Kunden zu überlegen. Möglicherweise wird ein relativ neu aufgetretener Nachahmer so von den Kunden "übersehen". Ein Verlust von Marktanteilen kann sich ein Nachahmer ebenso wenig leisten wie ein Originalhersteller. Es ist relativ wahrscheinlich, dass auch ein Nachahmer seine Produktionsstätten auslasten muss. Sofern möglich, kann im Unternehmen über die Einführung eines eigenen Neben- oder Einsteigerproduktes zum Original nachgedacht werden. Risiken bestehen hier in möglichen Kannibalisierungseffekten der eigenen Produkte untereinander. Die wahrscheinliche Innovationsschwäche eines Nachahmers kann durch einen Originalhersteller ausgenutzt werden. Hierzu kann der Innovationszyklus mit dem Ziel, dem Nachahmer voraus zu sein, verkürzt werden. Je nach Gestaltung der Innovation kann dies mit einer Verkürzung des Produktlebenszyklus insgesamt einhergehen.[143]

---

141 Vgl. González u.a., Produktpiraterie, S. 314f.

142 Hier könnte ein Originalhersteller sein Kundenwissen gegenüber Nachahmern aus weniger ökologisch sensibilisierten Ländern leicht ausspielen.

143 Vgl. González u.a., Produktpiraterie, S. 307.

Aus der Konzentration auf einen Nachahmer und dessen Stärken und Schwächen kann der Blick auf das komplette Marktgeschehen erweitert werden. Ein Originalhersteller kann auf Nachahmungen treffen, die eine Käuferschaft gefunden haben. Dies mag an einer Qualität nahe der des Originals liegen oder an einem anderen Käuferkreis als dem des Originals oder vielleicht auch an einem für den Käufer besseren Preis-/Leistungs-Verhältnis. Die Nachahmung hat sich auf irgendeine Weise etabliert und eine Nachfrage geschaffen oder eine Angebotslücke durch den Originalhersteller geschlossen. Aus dieser Konstellation erscheint es möglicherweise sinnvoll, eine Lizenzfertigung oder sogar eine Übernahme des Nachahmers durch den Originalhersteller anzustreben. Ein Originalhersteller kann dadurch seine Produktionskapazitäten schnell erweitern.[144]

Die Konzentration auf nur ein Produkt kann im Falle einer Nachahmung für einen Originalhersteller problematisch werden. Ein zweites Produkt sollte daher als Reserve in der Entwicklung sein.[145] Ein anderer Schutz vor Nachahmung kann in der Form der Markteinführung bestehen. Durch die Generierung eines Hypes können möglichst viele Erstkäufer erreicht werden. Gewinne, die sonst über einen langen Zeitraum zu verzeichnen gewesen und durch Nachahmer in Gefahr geraten wären, können so vor dem Nachahmer abgeschöpft werden. Gleichzeitig muss vor der Einführung ein hoher Grad an Geheimhaltung über das Produkt bestehen.[146]

Häufig ist es auch so, dass ein Nachahmer durch seine Tätigkeit seine Entwicklungskosten reduziert. Diese Möglichkeit könnte einem Originalhersteller durch die Verwendung von Open-Source-Lizenzen auch gegeben

144 Vgl. Schulz II u.a, Intellectual Property, S. 22ff.

145 Vgl. Kuhn u.a., Schritt voraus.

146 Als Beispiel kann hier die Einführung des siebten Teils der Harry-Potter-Serie genannt werden. Es wurde ein Hype geschaffen, dem sich ein Nicht-Interessierter kaum entziehen konnte. Gleichzeitig herrschte eine strikte Geheimhaltung. Vgl. o.A., Geheimprojekt.

sein. Dabei wird die Entwicklung durch Freigabe des Wissens ausgelagert. Gleichzeitig wird das Nachahmen uninteressant. Somit kann sich der Originalhersteller auf Know-how, Wartung und Pflege seines Produktes konzentrieren.[147]

Jedes Vorgehen gegen einen Nachahmer erfordert vom Originalhersteller eine Kosten/Nutzen-Abwägung. Das automatische Vorgehen gegen jeden Nachahmer und jede Form von Nachahmung scheint unter Umständen nicht lohnenswert.[148] In der internationalen Produktpiraterie können diametrale Situationen entstehen. Ein zu rigides Vorgehen eines vermeintlich Stärkeren gegen einen Schwächeren kann von den Kunden als Arroganz ausgelegt werden. Die Kosten für Verfolgung und Durchsetzung von Schutzrechten sollten im Zusammenhang mit Imageschäden und Verlusten an Marktanteilen und Einnahmen gesehen werden. Möglicherweise befindet sich das nachgeahmte Produkt am Ende seines Lebenszyklus. Manchmal kann sich daraus die Entscheidung ergeben, nicht gegen Nachahmungen vorzugehen.[149]

Ein Unternehmen muss nicht gezwungenermaßen alleine einem oder sogar mehreren Nachahmern gegenüberstehen. Falls es weitere betroffene Originalhersteller gibt, ist über eine Zusammenarbeit der Betroffenen nachzudenken.

147 Das von Google neu vorgestellte Betriebssystem scheint bisherigen Berichten in diese Richtung geplant zu sein. Anstelle eines restriktiven Systems wird es für Entwickler geöffnet. Es kann vermutet werden, dass Google versuchen wird, die Einnahmen für dieses Betriebssystem über Werbung zu generieren. Vgl. Kremp, Google

148 Z.B. geht die Vernichtung von nachgeahmter Ware zu Lasten des Antragstellers. Vgl. Zoll, Hamburg.

149 Vgl. Schulz II u.a, Intellectual Property, S. 22.

# 5. Überlegungen zum Schutz geistigen Eigentums

An dieser Stelle sollen Überlegungen zu einem anderen als dem derzeitigen Umgang mit geistigem Eigentum stehen. Es sollen im Abschnitt 5.1. Gedanken zu einer anderen Form der Regelung von Nachahmungsdelikten dargestellt werden. Dazu wird kurz der bisherige Stand skizziert. In den Abschnitten 5.2. und 5.3. werden dann Veränderungen an den bisherigen Formen des geistigen Eigentums diskutiert. Dabei soll aufgezeigt werden, dass Wissen auf eine alternative Weise als in der jetzt gebräuchlichen Form des geistigen Eigentums behandelt werden kann. Im Blickpunkt soll dabei ein praktischer Umgang mit der Produktpiraterie stehen, um der Flut von Nachahmungen einfacher und schneller Herr werden zu können. Ebenso wird versucht, die Spannungen zwischen privatem und öffentlichem Interesse, die aus der Umwandlung von Wissen in geistiges Eigentum entstehen, gerechter im Sinne der Kunden und des Wettbewerbs zu lösen. Als Grundgedanke dient die Vorstellung von einem Vorteil für die Kunden, je höher der Wettbewerb der beteiligten Unternehmen ist.[150]

## 5.1. Schiedsgericht

Das bisher benutzte System geistiger Schutzrechte kann mit der aktuellen Entwicklung der Nachahmung kaum noch Schritt halten.[151] Die Gesetzge-

---

[150] Dass dieser "permanente" Wettbewerb kein statischer Dauerzustand sein kann, sondern einen dynamischen Prozess aus Konsolidierung und Zerschlagung darstellt, soll hier nur erwähnt werden. In der Hauptsache geht es bei diesem Gedanken jedoch um den dynamischen Prozess wider die Statik von Monopolen.

[151] Besonders Produkte, die über das Internet kopiert werden können, sind kaum noch einzudämmen. Drakonische Schadenersatzforderungen gegen Privatpersonen können da kaum helfen. Von einem Bürger mit einem durchschnittlichen Ver-

bung in Sachen geistiger Schutzrechte hinkt der Globalisierung hinterher. Ihre Wirksamkeit ist eher national als global ausgerichtet. Aus westlicher Sicht wird versucht, diese Schwäche durch die WTO-Abkommen (TRIPS) aufzufangen. Dabei wird jedoch über die Köpfe der Nicht-WTO-Mitglieder hinweg reguliert. Dies mag problemlos erscheinen, solange die wirtschaftliche Balance zugunsten der WTO-Mitglieder ausfällt. Die derzeitige Situation zeigt aber, dass wirtschaftlich erstarkte Nicht-WTO-Mitglieder wie z.B. Russland[152] das Pendel in eine andere Richtung schwingen lassen können und dadurch die WTO-Regelungen zum geistigen Eigentum aufweichen und durchlöchern.[153]

Während also gegen nationale Formen von Nachahmung weitestgehend durch gesetzliche Regelungen vorgegangen werden kann, ist dies nur teilweise gegen internationale Formen möglich. Im Falle eines anwendbaren Rechts werden Gerichte zur Einigung angerufen. Die Möglichkeit eines Schiedsgerichtes wird dabei weniger genutzt. Der Vorschlag an dieser Stelle soll über die bekannte Möglichkeit eines einfachen Schiedsverfahrens hinausgehen. Das Problem bei bekannten Gerichtsverfahren ist, dass sie wohlmöglich zu langsam für die Dynamik des Marktes sind. Dies hat zur Folge, dass ein Nachahmer sich eventuell am Markt etablieren konnte, bevor er durch ein Urteil daran hätte gehindert werden können. Man kann vermuten, dass der Prüfungsaufwand für die Bestimmungen zur Anerkennung geistigen Eigentums steigt, je umfangreicher und komplexer die entsprechenden Regelungen werden. Die Bestimmungen versuchen, möglichst jeden Fall von Produktpiraterie zu erfassen, gleichzeitig versucht ein Nachahmer, diesen Bestimmungen voraus zu sein. Ein Verfahren kann sich durch "Spitzfindigkeiten" in die Länge ziehen. Ein weiterer Punkt ist, dass

---

dienst vierstellige Summen zu verlangen, kann keine dauerhafte Lösung des Problems darstellen.

152 Vgl. Hartmann, Piratenindustrie.

153 Als Beispiel kann hier der Transrapid oder die Fahrzeugindustrie genannt werden. Vgl. Blume, Schnell und vgl. Siemens, China-Falle.

ein Richter in Patentfragen über technische Details, in Markenrechtsfragen über Marketingkenntnisse usw. urteilen soll, also über Bereiche, die das Hinzuziehen von Experten und Gutachtern erfordern, wodurch eine weitere Verfahrensverzögerung anzunehmen ist. Verkompliziert wird ein Verfahren dadurch, dass – wie bereits angesprochen – eine Nachahmung oft mehrere Schutzrechte verletzt.

Es ergeben sich also drei Probleme in der Verhandlung von Produktpiraterie. Zum einen können einige internationale Formen – siehe Abschnitt 4.2.1 – nicht belangt werden. So kann eine Grenzbeschlagnahme nur im europäischen Rahmen die Formen der internationalen Nachahmung erfassen, welche sich in Richtung Europa bewegen.[154] Weiter kann die Verfahrensdauer mit den Marktgeschehnissen nicht Schritt halten und endlich bedarf es mittlerweile branchenspezifischer Kenntnisse zu Erkennung von Nachahmungen. Diese drei Probleme ließen sich durch den Einsatz eines Schiedsgerichtes einschränken.[155] Dieses Schiedsgericht müsste, um branchenspezifische Kenntnisse zu erfüllen, entweder bei den entsprechenden Branchen angegliedert sein oder durch Vertreter der Branchen an einer anderen Stelle besetzt sein. Diese andere Stelle könnte für eine internationale Wirkung z.B. bei der WTO oder ICC[156] eingerichtet werden. Die Beschleunigung des Verfahrens sollte dann zum einen durch das Schiedsgericht selbst und zum anderen durch die Tatsache, dass sich Fachleute beraten, erreicht werden. Die Beschleunigung des Verfahrens kann an zwei Stellen Kosten einsparen. Ein kürzeres Verfahren sollte günstiger sein als

---

[154] Im nationalen Rahmen – hier Deutschland – greifen zivil- und strafrechtliche Regelungen wie unter "z.B. §142 PatG, §§143-151 MarkenG, §§106-11, 111a UrhG". Ilzhöfer, Patent-, Marken-, Urheberrecht, S. 248.

[155] Nun mag man einwenden, dass für ein Schiedsverfahren ein Nachahmer ausfindig gemacht werden musste, was mit zunehmender Internationalisierung der Nachahmung schwieriger wird. Es kommt vor, dass der Nachahmer nicht ermittelt werden kann. Diese Schwäche teilt der Vorschlag mit dem bestehenden System.

[156] WTO = Welthandelsorganisation, ICC = Internationale Handelskammer.

ein langes. Eine schnelle, marktgerechte Entscheidung hilft dem Verfahrenssieger am Markt selbst. Eine gewisse Neutralität der eingesetzten Personen kann z.B. durch das Einsetzen von drei Vertretern der Branche als Schiedsgericht erzielt werden. Da alle Personen im Wettbewerb zueinander stehen, kann auf diese Weise ein relativ neutrales Urteil erlangt werden.[157] Das Schiedsgericht kann für einen festen Zeitraum von z.B. zwei Jahren fest ernannt oder in einer Art ständiger Rotation besetzt werden. Die Methode der Rotation wird wahrscheinlich der Dynamik der Machtverschiebungen unter den Wettbewerbern am Markt am besten gerecht. Die Kosten des Schiedsverfahrens müssten für beide Seiten ausgewogen sein und sollten von der Höhe die wirtschaftliche Stärke beider Parteien ausgleichen. Es sollte keiner Partei die Möglichkeit gegeben werden, das Schiedsverfahren durch wirtschaftliche Stärke zu beeinflussen.

Ein Schiedsgericht könnte seine Entscheidung bewusst oder unbewusst auf einer viel breiteren Basis treffen, als es eine rein gesetzliche Regelung vermag. Es könnte Faktoren wie Wettbewerb und Markt, öffentliches Interesse und Verbraucherschutz in seine Entscheidungen einbeziehen. Dadurch könnten rein strategische Klagen von Unternehmen im Bereich der Schutzrechtsverletzungen erschwert werden. Ein Schiedsgericht könnte die Größe der beiden Parteien berücksichtigen und diese dann in Bezug zum jeweiligen Markt setzen. Dabei könnte es erkennen, dass es durchaus im Sinne des Wettbewerbes (gegen Monopole) sein kann, zu Gunsten einer Partei zu entscheiden. Möglicherweise lässt sich dann auch eine gewisse

[157] Monopolstellungen auf Wissen könnten hier aufgebrochen werden. Man stelle sich folgendes Szenario vor. Ein Verfahren vor dem vorgeschlagenen Schiedsgericht "Microsoft gegen vermeintlichen Nachahmer" findet statt. Als Branchenvertreter urteilen Softwarespezialisten von Google, Apple, SUN usw. Wie mag solch ein Verfahren ausgehen? Selbst in dem Falle, dass die drei Vertreter aus dem einzigen Grund, dem Mitbewerber Microsoft zu schaden, gegen diesen urteilten, so bliebe am Ende der Verbraucher der Gewinner dieser Konstellation. Hier würde eine Monopolstellung angekratzt.

Trivialität in einem Streitfall besser erkennen, so dass dieser rascher abgewickelt werden kann.

Den Rahmen für ein solches Schiedsgericht könnten brancheneigene Regelungen und Selbstverpflichtungen bilden. Beispielhaft sei hier das Anlegen einer Schwarzen Liste von Nachahmerbetrieben, die zur Aufklärung von Vertriebspartnern dient, angedacht.

Verknüpft mit den Vorschlägen aus Abschnitt 3.4., die eine Aufteilung in kommerzielles und unkommerzielles Wissen beschreiben, kann das vorgeschlagene Schiedsgericht eine solche Unterteilung weiter fokussieren. Denn durch den Branchenbezug ist es wahrscheinlich, dass hier ein rein marktorientierter Blickwinkel eingeschlagen wird. Alles außerhalb der Branche wird vorerst nicht wahrgenommen und kann sich bis zu einem gewissen Kommerzialisierungsgrad frei entwickeln. Hierdurch kann mehr Kreativpotential erhalten werden, da ein vorkommerzieller Bereich der Entwicklung geschaffen wird.

## 5.2. Verminderung der Schutzrechte

Den derzeitigen Formen der Schutzrechte lastet der Ruf an, durch die Konzentration auf steigende Detailfragen weniger die Interessen der Öffentlichkeit als mehr die der Konzerne zu vertreten. So können Regelungen zum Urheberrecht durchaus nach dem Nutzen für eine kulturelle Entwicklung, die ja durchaus ein Interesse der Öffentlichkeit darstellt, hinterfragt werden. Als Beispiel wäre hier die Dauer des Urheberrechtes nach dem Tode des Schöpfers anzusprechen. Genauso wenig kann eine Anhäufung von Schutzrechten auf ein Unternehmen im öffentlichen Interesse liegen.[158] Hierdurch könnten Wettbewerb und Entwicklung gleichermaßen gestört werden.[159] Nun wurde vom Gesetzgeber durch eine zeitliche Befristung versucht, das öffentliche Interesse an Wissen zu wahren. Bei dem steigenden Wert von Schutzrechten und ihrer zunehmenden Bedeutung im Wettbewerb scheint dies allein allerdings nicht mehr ausreichend zu sein.

Daher könnte ein anderer Ansatz zum Umgang mit geistigem Eigentum eine Veränderung der bisherigen Regelungen bedeuten. Diese Veränderung müsste der häufig als ungerecht empfundenen Anhäufung von Schutzrechten auf ein Unternehmen entgegenwirken können. Von Bedeutung sind an dieser Stelle zwei Aspekte, zum einen eine durch die Anhäufung wettbewerbsverzerrende Wirkung und zum anderen eine steigende Zahl von trivialen Schutzrechten, wie sie im Vorherigen schon als Gefahr beschrieben wurde. Weiter müssten die Regelungen der Tatsache, dass Teile der privaten Forschung durch öffentliche Gelder gefördert werden, Rechnung tragen können.[160] Dann sollte überlegt werden, wie mit geistigem Privateigentum, dem in zunehmenden Maß eine öffentliche Bedeutung zukommt, verfahren werden sollte.[161] Diese Punkte, die Probleme aus dem praktischen Umgang mit geistigem Eigentum schildern, gilt es zu klären. Gegen die Anhäufung könnten die Gesetze zum geistigen Eigentum um eine kartellrechtliche Prüfung erweitert werden. Vergleichbar mit anderen Aufgaben des

---

158 Als Begriffsvorschlag wäre eine solche Anhäufung ein befristetes Monopol-Monopol. Oder hier im Falle von Wissen vielleicht ein Rohstoffmonopol. Vielleicht käme auch die Beschreibung eines Monopols in der zweiten Potenz in Frage.

159 Ein Beispiel ist hier Microsoft und der Internet Explorer, ein weiteres Monsanto und die Genpatente, die z.B. einem Bauern die Wiederaussaat verbieten.

160 Vgl. Vollborn u.a., Millionenhilfe.

161 Die wachsende Bedeutung rührt aus dem Unvermögen, die Bedeutung eines Schutzrechtes für die Zukunft ableiten zu können. Die Kernfrage ist: Was wäre, wenn jemand z.B. das Rad patentiert hätte? Hätte das die Entwicklung der Kufen beschleunigt? Wären auf das Rad aufbauende Erfindungen wie z.B. die Dampfmaschine mit Antriebsrädern um die Dauer des Schutzrechtes in der Entwicklung verschoben worden, oder wären sie nie entwickelt worden?

Kartellamtes könnte diese in die Phase der Anmeldung eines Schutzrechtes einbezogen werden.[162] So würde die Bedeutung eines Patentes – sofern absehbar – für das beantragende Unternehmen und dessen Umfeld analysiert werden. Im Falle der Gefahr einer zu hohen Wettbewerbsverzerrung könnte eine Anmeldung untersagt werden. Ein Lösungsvorschlag für die daraus folgende Situation wäre, das Patent zwangsweise aufzuteilen auf mehrere Unternehmen oder zwischen Staat und anmeldendem Unternehmen. Eine Form der Entschädigung für das anmeldende Unternehmen könnte anhand des zu erwartenden Marktwertes des Schutzrechtes ausgehandelt werden.[163]

Das eben erklärte Szenario ist kompliziert und wahrscheinlich nicht ganz unstrittig. Daher wird ein weiterer Gedanke zur Problematik geäußert. Dieser Ansatz soll versuchen, anzunehmendes menschliches Handeln als Art des Automatismus in eine Regelung zu integrieren. Dieser Ansatz soll zwei Problemen gerecht werden: Der mehrfach angesprochenen Anhäufung und/oder der Anmeldung von trivialen Schutzrechten. Es kann darüber nachgedacht werden, neben der bereits vorhandenen zeitlichen Beschränkung von geistigen Schutzrechten einen Grenzwert für die Anzahl der Schutzrechte zu erwägen. Dabei soll es sich um die Anzahl der auf ein Unternehmen oder eine natürliche Person zu vereinigenden Schutzrechte handeln.[164] Zur Verdeutlichung könnte beispielsweise die Anzahl der anmeldbaren Schutzrechte für ein Unternehmen auf 100 festgelegt werden.[165] Für jedes darüber hinaus angemeldete Schutzrecht muss ein beste-

162 Für Schutzrechte, die keiner zwingenden Anmeldung unterliegen, könnte das Kartellamt bei Klärungsbedarf eingebunden werden.

163 Im Falle eines staatlichen Eingriffes gibt es verschiedene Mittel zur Einigung mit dem Anmelder: Kaufen, Entschädigen, Vergünstigungen, Subventionen oder Enteignung.

164 Statt Unternehmen könnte hier auch juristische Person stehen. Man möge mit dem kleinen Mix aus BWL/VWL und Jura nachsichtig umgehen.

165 Für Schutzrechte, die keiner zwingenden Anmeldung unterliegen, sollte bei Klärungsbedarf diese Begrenzung berücksichtigt werden.

hendes Recht des Unternehmens freigegeben werden. Welches das sein soll, liegt in der Hand des Unternehmens. Durch den Zwang zur Auswahl und Abwägung gegenüber bestehenden Rechten wird ein Unternehmen versuchen, von trivialen Schutzrechten abzusehen. Gegenüber dem vorherigen Vorschlag, der eine Aktivierung des Kartellamtes beinhaltet, erscheint dieser durch die strikte Grenzziehung auf einen bestimmten Wert eher statisch in seiner marktreglementierenden Wirkung, was als Nachteil gegenüber dem vorherigen Vorschlag gesehen werden könnte. Dieser scheint, was die Entscheidungsfreiheit des Kartellamtes betrifft, für den Markt dynamischer und daher gerechter zu sein. Jedoch könnte dieses Argument durch erhöhte Bürokratie und Verlangsamung der Anmeldung entkräftet werden. Man könnte der Regelung durch Begrenzung vorwerfen, dass Unternehmen dadurch gewisse Entwicklungen zurückhielten. Dabei ist anzunehmen, dass dies bereits bei den bestehenden Regelungen der Fall sein kann.

Für den Fall öffentlich geförderter privater Forschung und den daraus entstehenden Schutzrechten kann eine staatliche Beteiligung an den Schutzrechten erwogen werden. Die Beteiligung könnte dem Verhältnis der staatlichen Förderung entsprechen oder – um dem unternehmerischen Risiko gerechter zu werden – geringer ausfallen. Möglicherweise könnten solche Projekte eher in einer Art Private-Public-Partnership organisiert werden. Ähnlich den privaten Autobahnen oder Brücken könnten hier – bei ordentlichen Verhandlungen – für beide Beteiligten Konditionen gefunden werden, die dem öffentlichen Interesse an den Forschungsergebnissen und den kommerziellen Interessen eines Unternehmens gerecht werden. Hierbei sollte von staatlicher Seite nicht nur kurzsichtig über die Schaffung oder Erhaltung von Arbeitsplätzen, sondern auch langfristig über den öffentlichen Nutzen durch die geförderte Forschung verhandelt werden. Der Staat sollte eher als starker Partner denn als Gabenverteiler auftreten.[166]

## 5.3. Freier Wettbewerb

In Unterabschnitt 4.2.4. wurden bereits die Möglichkeiten des Marktes im Bezug zur Produktpiraterie aufgezeigt. Als größte Schwäche des Nachahmers wurde in diesem Rahmen die Illegalität ausgemacht. Dabei wurde auch auf die Schwierigkeiten gesetzlicher Regelungen hingewiesen.[167] Man erhält, wie bereits dargelegt, mit den geistigen Schutzrechten ein – zumindest was die Effizienz angeht – fragwürdiges Mittel, was zudem Ressourcen durch z.B. Anmeldekosten, Strafverfolgung, spezielles Personal usw. verbraucht. An dieser Stelle soll die Überlegung ansetzen, inwieweit dieser Ressourcenverbrauch gerechtfertigt ist, oder ob durch die Aufhebung der Reglementierungen nicht vielmehr Ressourcen freigesetzt werden, die an anderer Stelle besser eingesetzt werden könnten.

Um 1850 gab es eine Bewegung gegen die Einführung der damals neuen Form geistiger Schutzrechte in Europa, die erreichte, dass die Niederlande 1869 ihr Patentgesetz aufhoben. Die Schweiz hatte als einziges europäisches Land kein Patentgesetz eingeführt. Beide Länder wurden jedoch bis ca. 1910 in ein Patentsystem hineingedrängt. Dennoch kann nicht behauptet werden, eine Entwicklung ohne geistige Schutzrechte hätte den Ländern geschadet.[168]

---

166 Wie sich der Staat in solchen Verhandlungen gibt und geben kann, unterliegt wahrscheinlich politischen Gegebenheiten, wie z.B. dem Zeitpunkt der nächsten Wahl.

167 Ausgeführt unter Abschnitt 3.3.

168 Vgl. Machlup, Grundlagen Patentrecht.

In der Argumentation für geistige Schutzrechte wird behauptet, dass sie ein Garant für Innovation und Fortschritt seien. Dies mag einleuchten, hält man sich vor Augen, dass gleiche "Spielregeln" für die Beteiligten geschaffen wurden. Aber sind im Umkehrschluss ohne Schutzrechte keine Innovation und kein Fortschritt möglich? In diesem Fall lägen wieder die gleichen "Spielregeln" für alle Beteiligten vor. Der Rahmen wäre also derselbe. Im Vertrauen auf die unsichtbare Hand des Marktes sollte sich geistiges Eigentum ebenfalls selbst regulieren können, wobei nicht notwendigerweise eine Form von Gleichgewicht angestrebt werden muss. Hinzu kommt die Tatsache der arbeitsteiligen Welt. In diesem Fall bedeutet es, dass eine Nachahmung zwar erlaubt sein, aber nicht von jedem alleine bewältigt werden kann. Im internationalen Rahmen käme ein Wegfall geistiger Schutzrechte womöglich einem Wegfall der EU-Agrarzölle gleich.

In einem System ohne geistiges Eigentum stellen sich Original und "Nachahmung" dem Wettbewerb in gleichberechtigter Weise. Der Absatz des Produktes reguliert sich über die Bewertung durch den Kunden. Im Falle eines Produktschadens wird der "Nachahmer" greifbar. Konnte er in einem illegalen Rahmen oft nicht ermittelt werden, so wird er als Produzent für den Kunden in einem freien Wettbewerb sichtbar und kann für Mängel haftbar gemacht werden.

Nicht Patente zwingen Unternehmen zur Forschung und Entwicklung, der Wettbewerb zwingt zu Innovationen. Es ist also falsch zu behaupten, ohne Patente gäbe es kein Interesse mehr an Forschung und Entwicklung. Tatsächlich ist der Aufwand einer Produktentwicklung mit und ohne spätere Patentierung gleich. Schließlich darf ein Produkt, das patentiert werden soll, nicht veröffentlicht sein. Genauso gilt dies für ein nicht zu patentierendes Produkt. Es ergibt sich aus der Logik des Marktes, dieses Produkt bis zur Fertigstellung geheim zu halten, um Wettbewerbsvorteile zu wahren. Bis zur Veröffentlichung auf dem Markt verhalten sich Neuentwicklungen also gleich. Was sichert dann ein Produkt, das nicht patentiert wurde, auf dem Markt vor Kopien? Je nachdem, ob es sich um ein Konsum- oder Industriegut handelt, liegt der Schutz zum einen im Vorteil des Marktersten bzw. auch im Vorteil des Know-hows. Der Markt verhält sich nicht statisch, so dass diese Vorteile sich nach und nach aufzehren. Daher gilt es, die Forschung und Entwicklung voranzutreiben. Ein Patent verzögert dieses Aufzehren für einen gewissen Zeitraum. Gleichzeitig verlangsamt es die Entwicklung und Forschung im gesamten Markt. Hinzu kommt, dass das Know-how bei einem Patent offen gelegt werden muss. Außerdem ist es mit erheblichen Kosten verbunden. Der Schutz ist mit Überwachung verbunden. Gleichzeitig sind juristische Konflikte schwer abzuschätzen. Je nach Lage (andere Länder, anderes Rechtssystem) ist es sogar aussichtslos, ein Patent durchzusetzen. Patente und geistige Schutzrechte schützen nur den, der sie auch durchsetzen kann. Andernfalls sind sie wertlos. Im Falle von markenrechtlich geschützten Artikeln verhält sich die Situation ähnlich. Der rechtlich geschützte Markenname verblasst ohne eine Unique Selling Proposition. Diese wird durch den Wettbewerb vorausgesetzt und gefordert. Es ist also Teil eines ständigen Prozesses und kein statisches Unterfangen. Ein Markenname etabliert sich bei den Kunden von selbst. Diesen vor Kopien zu schützen ist zwar rechtlich möglich, aber gerade dieser Aspekt ist für den Kunden nur verwirrend. Der Konsument interessiert sich nicht für den Rechtsstreit um Namensrechte. Den Kunden interessieren Preis, Qualität, Leistung (Preis/Leistung), Image, Trends usw. Es gilt also, die Marke durch die richtige Kundenansprache zu schützen. Dem Kunden muss erklärt werden, was das Original ist und was es ausmacht. Am Kunden verläuft die Front, nicht am Nebenschauplatz Gerichtssaal.[169]

---

[169] Man möge mir diesen leicht martialischen Satz verzeihen. Doch häufig findet sich die Auffassung, dass wirtschaftliches Handeln im Wettbewerb eine Form von Krieg darstelle. Daher werden gerne militärische oder sogar paramilitärische Konzepte und Strategien auf das Wirtschaftleben anzuwenden versucht (z.B. Guerillamarketing). Dies erscheint zunächst aufgrund des ständigen Wettbewerbes plausibel und gerechtfertig. Daher werden militärische Denker wie van Clausewitz oder Sun Tzu bemüht, um Taktiken und Denkweisen für die Wirtschaft zu entwickeln.

# 6. Zusammenfassung

Es sollte deutlich geworden sein, dass der Zusammenhang zwischen Produktpiraterie und dem Umgang mit Wissen von hoher Bedeutung für den Unternehmer ist. Eine Nachlässigkeit bei der Verwendung seines Wissens kann Produktpiraterie für den Unternehmer zur Folge haben. Wenn z.B. im Falle einer geplanten Auslandsinvestition nicht die Frage nach dem Schutz des unternehmerischen Wissens berücksichtigt wird, erscheint dies mehr als fahrlässig. Um sich gegen diese Form des geistigen Diebstahls wehren zu können, wurden in Abschnitt 3.3. die juristischen und in Unterabschnitt 4.2.4. die marktorientierten Möglichkeiten aufgezeigt.

Weiterhin wurde gezeigt, dass der Umgang mit Wissen eine äußerst komplexe Angelegenheit ist. Die besonderen Eigenschaften des Wissens lassen es auf verschiedene Arten in den Wirtschaftskreislauf einflechten. Die Verwendung des Wissens hängt von der jeweiligen Betrachtungsweise ab. So ist es für eine kapitalistisch geprägte Gesellschaft nahe liegend, geistiges Eigentum zu konstruieren, während anders geprägte Gesellschaften Wissen eher als öffentliches denn als rein wirtschaftliches Gut betrachten. Der Konflikt zwischen Wissen als öffentlichem und privatem Gut wird je nach Gesellschaft und Verständnis unterschiedlich aufgelöst. Hieraus ergibt sich dann eine unterschiedliche Anzahl und Vorstellung von möglichem Wissensmissbrauch aus hiesiger Sicht. In Zeiten von nationalen Märkten waren diese verschiedenen Gesellschaften und die Vorstellungen zum Umgang mit Wissen noch weitestgehend separiert. Durch Globalisierung und internationalen Warenverkehr treffen nun diese Vorstellungen aufeinander. Das geschieht in verstärktem Maße mit der Zunahme des Warenverkehrs. Bei Regelungen zum Wissen stehen daher Felder in Spannungen zueinander. Das öffentliche Interesse an Wissen muss gegenüber den privaten Interessen abgewogen werden. Im Falle von Produktpiraterie entsteht dann aus diesem Konflikt eine Legalisierung und Illegalisierung, wobei in einigen

Bereichen bei zu starker Konzentration auf die privaten Interessen automatisch eine Illegalisierung der öffentlichen Interessen zu beobachten ist. In Punkt 5 wurde versucht, dieses Pendel anders ausschwingen zu lassen. Diese Vorschläge sollen andere Regulierungsmöglichkeiten des Wissens aufzeigen und verdeutlichen.

# 7. Abbildungsverzeichnis

# 8. Tabellenverzeichnis

# 9. Literaturverzeichnis


| | |
|---|---|
| AOK, Glossar | AOK Bundesverband, psg-Glossar: Von Apothekenpflicht bis Zulassung, in: aok-bv.de http://www.aok-bv.de/presse/presseservice/psgthema/index_08320.html |
| BBC, fake | BBC NEWS, New warning over fake goods, in: BBC Online, 21.11.2003 |
| Benghozi u. Santagata, Market Piracy | Benghozi, Pierre-Jean, Santagata, Walter, Market Piracy in the Design-based Industry: Economics and Policy Regulation, in: Economie Appliquée, tom LIV N°3, 09.2001 |
| Blume, Schnell | Blume, Georg, Schnell und ohne Skrupel, in: Die Zeit, 23.02.2006 |
| Böder u.a., Wissensallmende | Böder, Sebastian, Moldenhauer, Oliver, Rubbel, Benedikt, Wissensallmende, Gegen die Privatisierung des Wissens der Welt durch »geistige Eigentumsrechte«, Hrsg.: VSA-Verlag Hamburg, 2005 |
| Buhr, Kultivierte Freiheit | Buhr, Peter M., Kultivierte Freiheit, in: Zeit online, 12/2007 |
| Charisius, Die Milliarden-Dollar-Mikrobe | Charisius, Hanno, Die Milliarden-Dollar-Mikrobe, in: sueddeutsche.de, 15.06.2007 |
| Dreier u. Nolte, Einführung Urheberrecht | Dreier, Thomas, Nolte, Georg, Einführung in das Urheberrecht, in: Wissen und Eigentum, Geschichte, Recht und Ökonomie stoffloser Güter; Hrsg.: Jeanette Hoffmann, 2006 |
| Ernst, IP-Management | Ernst, Holger, Strategisches IP-Management in schnell wachsenden Technologieunternehmen, Hochschule für Unternehmensführung, (WHU) Vallendar |

| | |
|---|---|
| EU Kommission, Grünbuch Nachahmungen | Kommission der Europäischen Gemeinschaften, Grünbuch zur Bekämpfung von Nachahmungen und Produkt- und Dienstleistungspiraterie im Binnenmarkt, 1998 |
| Fezer, Markenartikel und Kennzeichenschutz | Fezer, Karl-Heinz, Markenartikel und Kennzeichenschutz, in: Gabler; Handbuch Markenführung (Band 3); Hrsg.: Manfred Bruhn, 08.2004 |
| Freund u. Panic, Wissen managen | Freund, Robert, Panic, Wissen managen, Ein Leitfaden für KMU, Version 1; Hrsg.: Südwestfälische Industrie- und Handelskammer zu Hagen, 06.2005 |
| Fromme, Brisante Mischung | Fromme, Claudia, Biobrause Bionade, Brisante Mischung, in: sueddeutsche.de, 01.08.2007 |
| Goldhammer, Wissensgesellschaft und Informationsgüter | Goldhammer, Klaus, Wissensgesellschaft und Informationsgüter aus ökonomischer Sicht, in: Wissen und Eigentum, Geschichte, Recht und Ökonomie stoffloser Güter; Hrsg.: Jeanette Hoffmann, 2006 |
| González u.a., Produktpiraterie | González, Alexander, Welser von, Marcus, Marken- und Produktpiraterie, Strategien und Lösungsansätze zu ihrer Bekämpfung; Hrsg.: Wiley-VCH, 2007 |
| Greenpeace, Gen-Giganten | Greenpeace, Gen-Giganten und der Trick mit der Kanone, Artikel, Greenpeace Redaktion, 26.05.2003 |
| Harte-Bavendamm, Marken- und Produktpiraterie | Harte-Bavendamm, Henning, Bekämpfung der Marken- und Produktpiraterie; in: Gabler, Handbuch Markenführung (Band 3); Hrsg.: Manfred Bruhn, 08.2004 |
| Hartmann, Piratenindustrie | Hartmann, Jens, Die Piratenindustrie, in: Die Welt, 25.01.2005 |
| Häring, Auskunft | Häring, Günther, Oberfinanzdirektion Nürnberg, Zentralstelle Gewerblicher Rechtsschutz, Auskunft vom 7.11.2007 |
| Heeg, Bionade | Heeg, Thiemo, Bionade kämpft gegen die Nachahmer, in: faz.net, 16.07.2007 |

| | |
|---|---|
| Hennes,<br>Solinger Scharfmacher | Hennes, Wilfried, Solinger Scharfmacher, Wo Unternehmen mit Weltruf zu Hause sind und Handarbeit Tradition ist, in: Blickpunkt Wirtschaft; Hrsg.: Deutscher Instituts-Verlag GmbH, Heft 3, 03.2005 |
| Heise,<br>Australien | Heise online, Australische Regierung gestattet Reverse Engineering, 14.08.1999, http://www.heise.de/newsticker/meldung/5753 |
| Hillenbrand,<br>Xerox | Hillenbrand, Thomas, Die Xerox-Strategie, in: Spiegel Online, 11.09.2007 |
| Ilzhöfer,<br>Patent-, Marken-, Urheberrecht | Ilzhöfer, Volker, Patent-, Marken- und Urheberrecht, Leitfaden für Ausbildung und Praxis; Hrsg.: Verlag Franz Vahlen, 7. Auflage, München 2007 |
| Jacobs u.a.,<br>International Piracy | Jacobs, Laurence, Samli, A. Coskun, Jedlik, Tom, The Nightmare of International Product Piracy, Exploring Defensive Strategies, in: Industrial Marketing Management, 30.08.2001 |
| Jahn,<br>Vorwärts immer | Jahn, Sönke, Vorwärts immer, rückwärts nimmer, Eine patente Masche, in: Spiegel Online, 26.02.2007 |
| Khor,<br>Entwicklung | Khor, Martin, Geistiges Eigentum, Wettbewerb und Entwicklung; Hrsg.: Evangelischer Entwicklungsdienst und Third World Network, Mai 2006 |
| Kloepfer u.a.,<br>Interview | Kloepfer, Inge, Petersdorff von, Winand, "Wir werden nicht gekauft, wir kaufen!", in: FAZ.net, 01. April 2006 |
| Koch,<br>Menschen | Koch, Hannes, Menschen jagen mit Mercedes, in: taz, 20.05.2006 |
| Kremp,<br>Google | Kremp, Matthias, Google führt erstmals seine Handy-Software vor, in: Spiegel Online, 14.11.2007 |
| Kuchenbuch,<br>Gefesselt | Kuchenbuch, Peter, Gefesselt von der Nahrungskette, in: Die Zeit, Ausgabe: 28, 1998 |

| | |
|---|---|
| Kuhn u.a., Schritt voraus | Kuhn, Lothar, Leitl, Michael, "Den Nachahmern immer einen Schritt voraus", in: Spiegel Online, 23.02.2006 |
| Kunze, Netz-Razzia | Kunze, Michael, Netz-Razzia, Scientology bedrängt das Internet, in c´t; Hrsg.: Heise Zeitschriften Verlag, 01.07.1995 |
| Liebig, Regulierung geistiger Eigentumsrechte | Liebig, Klaus, Die internationale Regulierung geistiger Eigentumsrechte und ihr Einfluß auf den Wissenserwerb in Entwicklungsländern, Dissertation, Universität Göttingen, 2005 |
| Lischka, Seiten | Lischka, Konrad, Verlorene Seiten, in: Frankfurter Rundschau, 2.4.2002 |
| Lischka, World.Wide | Lischka, Konrad, World.Wide.Weg., in: Tagesspiegel, 27.03.2002 |
| Machlup, Grundlagen Patentrecht | Machlup, Fritz, Die wirtschaftlichen Grundlagen des Patentrechts, in: Fragen der Freiheit, Heft 253, 2000, im Internet unter: http://www.sffo.de/sffo/machlup1.htm |
| Marx, Schutzrechtsmanagement | Marx, Claudius, Internationale Aspekte des Schutzrechtsmanagements, in: Gabler; Handbuch Markenführung (Band 3); Hrsg.: Manfred Bruhn, Wiesbaden 08.2004 |
| Marinovich, Competitive Edge | Marinovich, Slaven, A Competitve Edge in a Cutthroat Market, http://www.brandchannel.com/print_page.asp?ar_id=290§ion=main, 21.11.2005 |
| Meichsner, Claims | Meichsner, Irene, Die Claims werden abgesteckt, in: Die Zeit Ausgabe: 21, 1995 |
| Möller, Kaum verschont | Möller, Doris, Produkt- und Markenpiraterie, Kaum ein Produkt bleibt verschont, erschienen bei: Industrie- und Handelskammer, Frankfurt am Main, 10.11.2007 |
| Nürnberg, Jahresbericht | Oberfinanzdirektion Nürnberg Zentralstelle Gewerblicher Rechtsschutz, Gewerblicher Rechtsschutz Jahresbericht 2006; Hrsg.: Bundesministerium der Finanzen, 01.01.2007 |

o.A.,
Geheimprojekt
ohne Autor, Geheimprojekt Harry Potter, in: Spiegel Online, 26.05.2007

o.A.,
Volksbrause
ohne Autor, "Wir wollten immer Volksbrause werden", in: faz.net, 08. Juli 2007

o.A.,
Was stellen Sie denn aus
o.A., Was stellen Sie denn aus, in: sueddeutsche.de, 16.03.2007

Orgalime,
Bekämpfung Produktpiraterie
Orgalime, Wirksame Bekämpfung von Marken- und Produktpiraterie, Ein praktischer Leitfaden für die europäische Investitionsgüterindustrie, 2001

Polatschek,
Die Ämter
Polatschek, Klemens, Und ewig ringen die Ämter, in: FAZ.net; Hrsg.: F.A.Z Electronic Media GmbH, 17.01.2007

Ries,
Markenwechsel
Ries, Michael, Strategien und Probleme des Markenwechsels, eine Analyse unter Berücksichtigung empirischer Erkenntnisse, Diplomarbeit, Universität Konstanz, 30.01.2002

Samuelson,
Reverse Engineering
Samuelson, Pamela, Scotchmer, Suzanne, The Law and Economics of Reverse Engineering, in: The Yale Law Journal No. 7, 01.05.2002

Schröder u.a.,
Marketing-Rechts-Management
Schröder, Hendrik, Ahlert, Dieter, Absicherung von Markenstrategien durch das Marketing-Rechts-Management, in: Gabler; Handbuch Markenführung (Band 3); Hrsg.: Manfred Bruhn, 08.2004

Schulz II u.a,
Intellectual Property
Schulz II, Clifford J., Saporito, Bill, Protecting Intellectual Property: Strategies and Recommendations to Deter Counterfeiting and Brand Piracy in Global Markets, in: The Columbia Journal of World Business, Spring 1996

Schwanitz,
Bildung
Schwanitz, Dietrich, Bildung, Alles, was man wissen muß, Goldmann, 02.2002

scienzz,
Biosimilars
scienzz, Konfliktpunkt Biosimilars, in: scienzz.com, 10.11.2006
http://www.scienzz.de/ticker/art7699.html

| | |
|---|---|
| Siegrist, Geschichte des geistigen Eigentums | Siegrist, Hannes, Geschichte des geistigen Eigentums und der Urheberrechte, Kulturelle Handlungsrechte in der Moderne, in: Wissen und Eigentum, Geschichte, Recht und Ökonomie stoffloser Güter; Hrsg.: Jeanette Hoffmann, Bonn 2006 |
| Siehoff, Trivial? | Siehoff, Jonas, Was heißt hier schon trivial?, FAZ.net; Hrsg.: F.A.Z Electronic Media GmbH, 18.01.2007 |
| Siemens, China-Falle | Siemens, Ansgar, Autokonzerne in der China-Falle, in: sueddeutsche.de, 28.08.2007 |
| Sommer, Geistiges Eigentum | Sommer, Georg, Geistiges Eigentum, Eine Diskussion am Beispiel "Freie Software", Magisterarbeit, Universität Hamburg, 30.08.2004 |
| Sucher, Gabentisch | Sucher, Jörn, Gefälschtes auf dem Gabentisch, in: Spiegel Online, 15.12.2005 |
| teialehrbuch, Marketing | teialehrbuch, Kurs: Marketing für mittelständische Unternehmen, Abschnitt: 7.4.2 Basisstrategien der Positionierung, in: http://www.teialehrbuch.de/ http://www.teialehrbuch.de/Kostenlose-Kurse/Marketing/15234-Basisstrategien-der-Positionierung.html |
| Tilmann, Technikgeschichte | Tilmann, Walter, Vorlesung "Technikgeschichte", Fachhochschule Heilbronn Hochschule für Technik und Wissenschaft, 2005 |
| Viehmann u.a., Blendgranaten | Viehmann, S., Grundhoff, S., Blendgranaten, in: sueddeutsche.de, 12.09.2007 |
| Vithlani, Impact of Counterfeiting | Vithlani, Hema, The Economic Impact of Counterfeiting; Hrsg.: OECD, 1998 |
| Vollborn u.a., Millionenhilfe | Vollborn, Marita, Georgescu, Vlad, Millionenhilfe für Großkonzerne, in: Spiegel Online, 23.08.2007, http://www.spiegel.de/wissenschaft/mensch/0,1518,500128,00.html |

| | |
|---|---|
| Weyand, Strategie | Weyand, Isabelle, Konkurrenzorientierte Strategie, in: VIBSS-ONLINE, 25.05.2007 http://www.wir-im-sport.de/vibss/live/vibssinhalte/show.php3?id=1643&nodeid=16&druckansicht=1&nocontainer=1 |
| WIPO, Handbook, | WIPO, Intellectual Property Handbook: Policy, Law and Use, WIPO Publication No 489 (E), 2004 |
| Wölfel, Marken- und Produktpiraterie | Wölfel, Thomas, Marken- und Produktpiraterie, Eine Studie zu Erscheinungsformen und Bekämpfungsmöglichkeiten; Hrsg.: Jörn Altmann, Außenhandelspolitik und -Praxis, 2003 |
| Zoll, Hamburg | Zoll, Dem Zoll in Hamburg gelingt vermutlich weltweit größter Plagiataufgriff, in: Zoll.de; Hrsg.: Oberfinanzdirektion Hamburg -Pressestelle Zoll- Rödingsmarkt 2, 20459 Hamburg, 14.11.2006 |

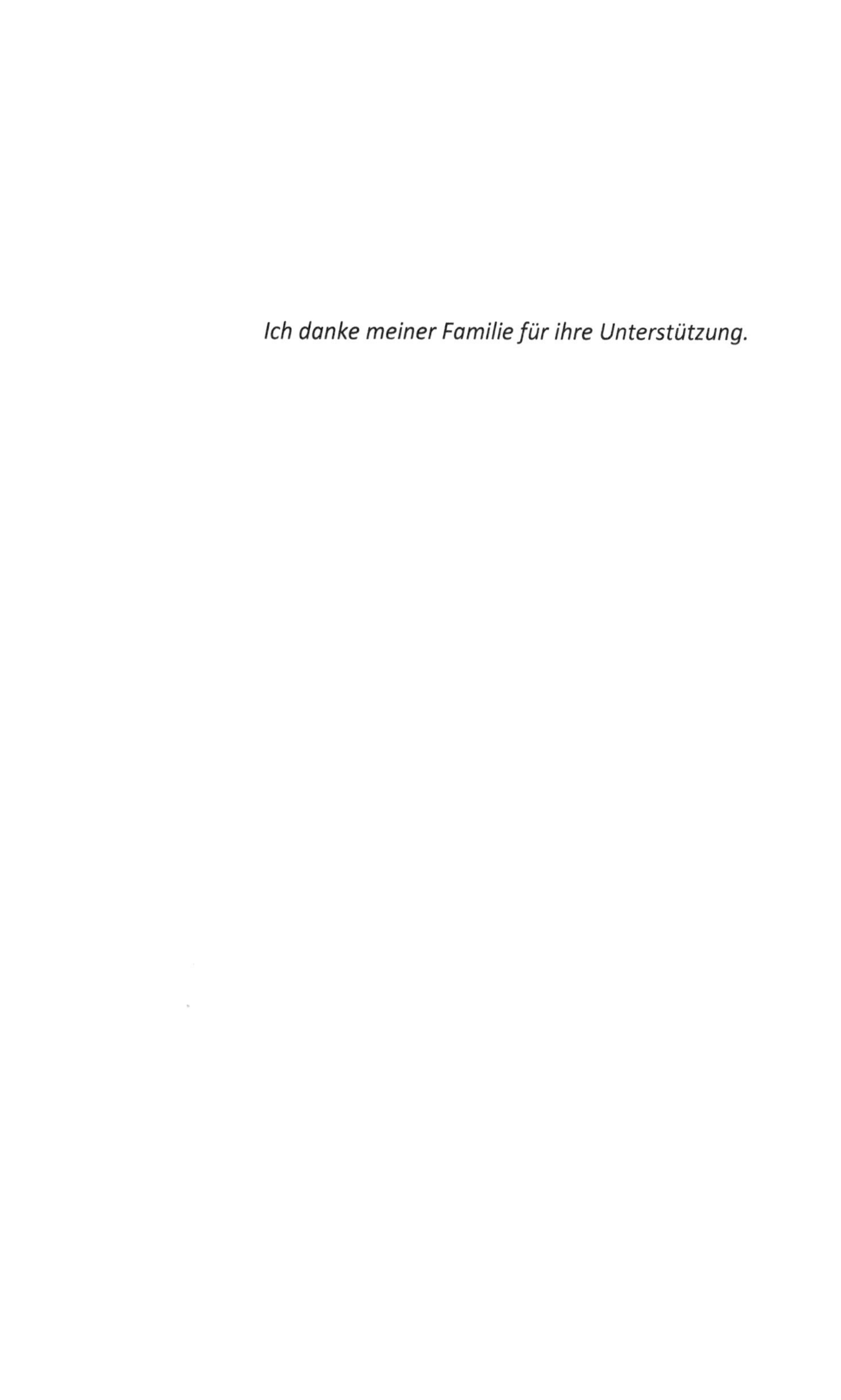

*Ich danke meiner Familie für ihre Unterstützung.*

*Horst-Peter Götting und Guido Westkamp (Hg.)*

**Immaterialgüterrecht**

Das Verhältnis von Geistigem Eigentum und Menschenrechten

ISBN 978-3-89821-839-9
252 S., Paperback, € 29,90

Erhältlich in jeder Buchhandlung oder direkt bei

***ibidem***

Zentrales Thema der Beiträge im Sammelband ist das Verhältnis von internationalem Immaterialgüterrecht einschließlich des Persönlichkeitsschutzrechts zur derzeit kontrovers diskutierten Frage der Gemeinfreiheit. Immer häufiger wird der Umfang der einzelnen Immaterialgüterrechte kritisiert, vor allem mit Blick auf grundrechtliche Positionen. Sowohl die zunehmende Globalisierung als auch der damit einhergehende Streit um die Verteilung von Rechten an Wissen spielen dabei die Hauptrolle. Der Hintergrund dieser Entwicklung ist vor allem in den Bemühungen um möglichst starke Rechte erkennbar, wie er etwa im TRIPSAbkommen, aber auch in der europäischen und sonstigen internationalen Rechtsharmonsierungsbemühungen zum Ausdruck kommt. Die Folgen des internationalen Anpassunsgdrucks in nationalen Rechtssystemen zeigen sich etwa bei der zunehmenden Konvergenz einzelner Rechte wie auch bei Einzelaspekten, vor allem im Bereich der Schranken.
In der Literatur wird deshalb zunehmend auf das aufkommende Spannungsverhältnis zu Menschenrechten und allgemeinen Aspekten der Informationsfreiheit einerseits und des Zugriffs auf immaterielle Güter andererseits hingewiesen.
Die Debatte hierzu wurde bislang allerdings noch eher fragmentarisch geführt. Sie reicht beispielsweise von Fragen des Urheberrechtsschutzes über Probleme der Patentfähigkeit, von Erfindungen im Bereich der Biotechnologie oder von Algorithmen bis hin zu Fragen der konkreten internationalen Ausgestaltung einzelner Rechte, etwa im Bereich des Markenund Designschutzes oder geographischer Herkunftsangaben.
Die im Band versammelten Arbeiten greifen einzelne Themen dieser komplexen Entwicklung auf und sind aufgrund der Auswahl der Themen zugleich als Überblick und Einführung in die aktuelle Debatte geeignet und damit auch für Nichtspezialisten interessant.

Die Herausgeber:
*Prof. Dr. Horst-Peter Götting LL.M.* ist Inhaber des Lehrstuhls für Bürgerliches Recht unter besonderer Berücksichtigung von Gewerblichem Rechtsschutz und Urheberrecht an der Technischen Universität Dresden und im zweiten Hauptamt Richter am OLG Dresden. Seit November 1996 ist er Direktor des Instituts für Technik- und Umweltrecht sowie seit Januar 2005 Direktor des Instituts für Geistiges Eigentum, Wettbewerbs- und Medienrecht (IG WcM) der Juristischen Fakultät der Technischen Universität Dresden.
*Dr. Guido Westkamp LL.M.* unterrichtet im Bereich des internationalen Immaterialgüterrechts sowie des Medienrechts am Queen Mary Intellectual Property Institute, Centre for Commercial Law Studies, Queen Mary College, University of London, und ist Lehrbeauftragter an der Juristischen Fakultät der Technischen Universität Dresden.

***ibidem*-Verlag**
Melchiorstr. 15
D-70439 Stuttgart
info@ibidem-verlag.de

www.ibidem-verlag.de
www.ibidem.eu
www.edition-noema.de
www.autorenbetreuung.de

Zeitfracht Medien GmbH
Ferdinand-Jühlke-Straße 7
99095 Erfurt, Deutschland
produktsicherheit@kolibri360.de